基于客户细分及价值评价的电力资源缴费模式

王莉芳　赵嵩正　著

西北工業大學出版社

【内容简介】 全书共分7章。第1章为引言;第2章为现行缴费方式及其发展趋势分析;第3章为电力客户细分方法研究及价值评价指标体系构建;第4章为电力客户细分及价值评价信息系统的开发与实现;第5章为电费缴费方式调查问卷的统计分析;第6章为电费缴费方式配置策略;第7章为结束语。

本书可作为高校相关专业的教材,以及相关电力工作者的参考用书。

图书在版编目(CIP)数据

基于客户细分及价值评价的电力资源缴费模式/王莉芳,赵嵩正著.—西安:西北工业大学出版社,2012.8

ISBN 978-7-5612-3448-8

Ⅰ.①基… Ⅱ.①王…②赵… Ⅲ.①用电管理—收费—研究—中国 Ⅳ.①F426.61

中国版本图书馆CIP数据核字(2012)第204745号

出版发行:西北工业大学出版社
通信地址:西安市友谊西路127号　　邮编:710072
电　　话:(029)88493844　88491757
网　　址:www.nwpup.com
印 刷 者:陕西宝石兰印务有限责任公司
开　　本:850 mm×1 168 mm　1/32
印　　张:7.375
字　　数:190千字
版　　次:2012年8月第1版　　2012年8月第1次印刷
定　　价:26.00元

前　言

随着市场经济改革的深入，国家垄断、行业垄断和资源垄断被打破，电力企业必将逐渐面对一个相互竞争的市场环境。欧美一些发达国家，供用电环节垄断已被打破，逐步开展竞争，建立了供电企业的竞争机制，用电市场已经放开。电力企业作为服务型部门，强调社会责任，确立以客户为中心的服务理念逐渐成为业界的共识，为客户提供方便快捷的电费缴费方式是提升客户满意度的一个重要措施。不同客户类型具有不同的特点、不同需求，缴费方式也不尽相同。满足客户对缴费服务的差异化需求，提高客户对电力企业服务的满意度，是打破垄断，向市场条件转化的电力企业应该探讨的重要课题。

从国内外相关的研究文献来看，有关电费缴费方式的研究的落脚点放在避免欠费、缩短资金回收周期、兼顾以优质服务来提高客户满意度的研究较少，关于缴费方式的研究主要是对各种电费缴费方式的笼统介绍、说明及电费缴费工作中的一些实践总结，专门深入、系统地研究电费缴费方式的文献并不多。对电费缴费方式的特点、使用客户群、适用场合等相关研究还不够系统全面。对电费缴费方式的研究结合客户需求、特点，特别是基于客户细分的电费缴费方式的研究的文献更是少之又少。不同客户对电费缴费服务的需求不尽相同，而不同缴费方式所能提高的缴费服务并不能满足所有客户的所有需求。因此，研究电费缴费方式时考虑客户不同需求，将电费缴费方式与客户类型进行匹配分析，为客户提供个性化的缴费模式，提升电力客户的满意度是本书的研究目标之一；研究出能让客户及时、尽早、便捷地缴纳电费的缴费模式，减少电费在途时间，缩短电费回收周期，提高电费回收率，提高电力企业资金效率，降低电力企业经营风险是本书研究的目标之二；研究出方便、快捷、优质的电力缴费模式，提升电力企业的社会责任和社会形象，促进和谐社会发展是本书的研究目标之三。

本书的研究内容：第 1 章为引言，分析了电力企业电费回收模式的现实背景和理论基础，指出了现有研究存在的问题，提出了本书的研究问题，同时明确了本书的研究意义，并陈述了本书的研究内容、研究方法及研究思路。第 2 章为现行缴费方式及其发展趋势分析。第 3 章为电力客户细分方法研究及价值评价指标体系构建。第 4 章为电力客户细分及价值评价信息系统的开发与实现。第 5 章为电费缴费方式调查问卷的统计分析。第 6 章为电费缴费方式配置策略。第 7 章为结束语。本书的主要创新工作：第一，基于客户细分结果的电费缴费方式研究，对不同电力客户特点与电费缴费方式进行匹配研究。第二，选取电量增长率、电费增长率、电量增长贡献率、电费增长贡献率等指标来度量客户潜在价值，构建了一个新的面向电费回收的电力客户价值评价模型，该模型全部指标的数据来源均为客户用电数据。第三，基于 ASP. NET 平台，采用 C# 语言开发实现了电力客户细分及价值评价信息系统，系统可以对电力客户的用电信息进行月度细分和评价。

本书是陕西省电力公司 2008 年度研究课题“陕西省电力公司营业收费方式研究”成果的一部分，该课题得到 2012 年陕西省软科学项目“市场环境下陕西省供电服务监督机制研究”（基金号为2012KRM24）的资助。本书由王莉芳策划、统稿和执笔，赵嵩正参与了部分章节的编写，并给出了许多有价值的建议。此外，蒋维杨、高云、冯蓉、陈春雪、王耀南参与了资料的搜集和文献检索工作。在本书的编写过程中参考了国内外众多学者的研究文献，在此表示衷心的感谢！

由于水平有限，不足之处在所难免，恳请读者批评指正！

著　者
2012 年 4 月

目　录

第1章 引　言

1.1 研究意义

为了电费的及时、足额回收，电力企业不断改进其电费缴费方式，从传统的人工走收、营业厅坐收方式到现代化程度较高的银行代收、自助终端缴费、IC卡缴费等缴费方式。不同电费缴费方式的作用及特点大不一样，对电费回收起到的效果也不尽相同。此外，由于欠费客户的欠费原因千差万别，因此，要想真正从源头上解决欠费问题，企业必须在对其客户细分的基础上结合顾客特点选择合适的缴费方式（由赊付向预付电费方式的转换），制定相关配套措施（及时催收、缩短结算周期、欠费停电等）。譬如，居民消费者与企事业单位消费者都是电力企业的客户，但从拖欠电费的情况来看，拖欠电费的主要是工业客户，他们用电量大，应缴电费也多，加之个别客户的主观恶意拖欠，是造成巨额电力欠费的主要原因；居民客户也有拖欠电费的现象，但他们更多是由于忘记缴纳电费或者缴费方式不便捷而造成欠费，主观恶意的程度小。

近年来，随着城市建设框架的逐渐加大和电网“一户一表”改造力度的不断深入，用电客户的数量迅速增加，每月的客户缴费服

* 本专著资助基金为：2012年陕西省软科学项目“市场环境下陕西省供电服务监督机制研究”；基金号：2012KRM24。

务需求急剧上升，电费缴费难成为困扰供电企业经营和优质服务工作的一大难题。供电公司现有营业网点较少，不能满足居民客户柜面电费缴纳的需求，但同时，增设网点无疑将会增加供电公司的成本支出，影响公司的效益。如何在满足企业效益最大化基础上，解决好电费缴费难，是大家探解的一个长期课题（杨启琼，刘琪，2008）。很多地区的电力企业采取了“银电联网”代收电费的办法，但由于是一个月进行一次电费结算，多数用户都集中在一个时段内交费，加之居民电费户数多、数额小等原因，每月电费缴费日无论是电力企业营业厅还是银行柜台都排起了长队。随着银行业务的不断拓展以及电费沉淀资金的减少，银行对电费收取，特别是柜面现金电费代收工作的积极性有所降低。目前只能通过银行卡电话自助缴费或银行 24 小时自助营业点实现夜间缴纳，对于不熟悉自主缴费方式的客户以及没有银行卡的客户就显得非常不方便。

随着经济环境的自由化，国家垄断、行业垄断和资源垄断被打破，电力企业必将逐渐面对一个相互竞争的环境。欧美一些电力发达国家，供用电环节垄断已被打破，逐步开展竞争，建立了供电企业的竞争机制，用电市场已经放开。从 1998 年开始，英国所有用电客户可以自由选择电力供应商，竞争促使各个供电企业改变了对客户的服务态度，大大提高了供电企业的服务质量（Lawrence Bell，2000）。电力企业作为服务型部门，强调社会责任、确立以客户为中心的服务理念逐渐成为业界的共识，为客户提供方便快捷的电费缴费方式是提升客户满意度一个重要措施。值得注意的是，不同客户类型所经常采用的缴费方式必然不尽相同，盲目地增加电费收费方式未必就能达到方便客户缴费的预期目的。电力企业现有的客户可以按照其不同的特点以及不同需求划分为不同的类型，所对应的对缴费方式的需求也不尽相同。例如，上班的家庭可能更希望在非办公时间缴费，企事业单位对缴费票据有着较高的要求，比较传统的人士在交费时会比较在意详细的账目情况，等等。因此，为了满足客户对缴费服务的差异化需求，提高客户对电力企业服务的满意度，电力企业应该在对所属客户进行全面细分的基础上，针对不同细分客户类型对缴费服务的不同需求，去发展适合的缴费方式。

鉴于此，以客户细分为基础，研究电费缴费方式的特点与电力客户类型的匹配对于提高电费回收率、缩短电费回收周期、提高客户满意度等具有直接的现实指导意义。

1.2　国内外研究状况分析

1.2.1　研究现状

关于电费缴费方式和电力客户细分已有部分学者做了相关研究，具体情况如下：

1. 关于电费缴费方式的研究

从文献查阅的情况来看，系统地介绍当前电费缴费方式的文献并不多见。温斌(2004)回顾了抄表人员上门收费、专人上门收费、营业柜台坐收电费、银行托收无承付、委托银行代收等传统的电费收取方式，重点介绍了储蓄代扣、电话银行交费、多媒体自助机交费、网上银行交费、专用银行账户交费、银电联网等现代电费缴费方式的概念。蔡学中等(2007)对各种缴费方式的优点及不足进行了简单的分析。徐进(2006)在对日照供电公司电力营销策略进行研究时,也曾对目前常见的几种电费缴纳方式有过简单介绍。周继馨(2007)分析了企业用户的欠费现状及成因,从电网企业环境,银行缴费、坐收电费、走收电费等几种电费缴纳方式等方面研究了制约用户缴费的因素,提出了改善电费回收问题的建议措施。吴迎春(2007)从电费回收及欠账原因分析入手,提出根据客户特点采取相应电费收费方式,保证电费的及时回收。

具体到单种缴费方式,国内关于基于银电联网的电费缴费方式的研究相对较多。周继惠(2007)介绍了银电联网业务的具体实施方案和具体操作过程,分析了银电联网实现的主要功能。他认为银电联网收费是供电企业加快电费回收、缩短资金在途时间、提高服务质量的有力保障,应大力推广和不断拓展,不断为电费管理工作提供强有力的技术支撑。张有明(2007)分析了营业厅收费模式、银行代收模式、走收模式、电费充值卡交费方式、代理商收费、网上供电营业厅收费模式等的优缺点。郑新(2003) 研究了商业银行中间业务现状,以滁州供电局的实际情况为例,进行了银行代收费与电力企业自收费的成本对比分析,论述了银行代收费业务存在的问题,分析了这些问题可能产生的严重后果,并探索了相应的解决办法。黄敏如(2006)分析了银行代扣电费业务在确保电费资金安全、降低电费回收成本、缩短电费回收周期、提高电费回收率等方面存在的优势,总结了实践中有效推广银行代扣电费业务的做法,分析了推广过程中有部分客户拒绝办理银行代扣业务的原因,并给出了相应的具体解决措施。张琼华(2007)对我国商业银行代收费业务的业务种类、赢利模式、缴费渠道、特点及存在问题进行了详细阐述,并采用定性分析与定量分析相结合的方式,对存在的问题进行了原因分析。厉建宾(2009)、于春菊(2008)等分别结合管理学的相关理论，运用 SWOT 分析方法对我国商业银行的代收费业务进行评价，对其发展前景进行了分析，对银行与同业、政府、集成服务商的合作进行探讨，最后，对未来银行发展代收费业务提出了建议。此外，部分学者对银电联网电费实收系统的开发应用进行了研究。

关于其他电费缴费模式的相关文献，较多的是电力行业人员对电力工作中的一些实践经验的总结。蒋斌（2006）主要探讨居民电费收缴的现状和存在的问题，阐述了电费充值卡产生的背景及其应用优势，描述了电费充值卡发行管理流程和密钥生成系统，并进一步讨论了电费充值卡这一新业务的运行给电费管理带来的改变与创新，分析了电费充值卡市场发行需要解决的问题，预期了电费充值卡美好的应用前景。梁捷生等（2006）介绍了福建省南安市电力总公司推出电费充值卡的应用情况。杨前（2006）介绍了邮政储蓄划拨电费方式，分析了电费邮政储蓄的优点，探讨了该方式实际操作中存在的弊端，并给出了相应的结论与建议。冯湘波（1997）阐述了 IC 卡电能表的主要结构及工作原理，介绍了其主要功能特点，展望了 IC 卡电能表的推广使用价值。周尤林（2000）、赵同生（2003）、顾群（2004）、张力（2004）、宋娟娟（2007）等在对发展电力负荷管理系统新功能的探讨中，介绍了利用电力负荷管理系统实现对高压用电户的购电控制，解决电费回收难的问题。

此外，也有学者将电费回收方式放到城市公用事业收费模式改革的背景中去研究。刘永波（2005）从分析包括自来水、电力、燃气、有线电视、固定电话、供暖等公用事业的特点入手，探讨公用事业的收费成本构成，研究目前公用事业收费的主要模式及存在的问题，并在此基础上，建立统一的公用事业收费服务平台。最后结合大连市建立的公用事业联合收费模式案例，探讨了如何结合城市实际，架构一个具体的公用事业统一收费系统。

2.关于电力客户细分的研究

王振华(2002)将客户按使用群体的不同分为家庭消费者和集团消费者两大类；按是否以赢利为目的分为非经营性消费者和经营性消费者两大类；按最终使用用途的不同分为电光消费者(照明)、电力消费者、电热消费者；按消费期不同分为临时消费者和长期消费者。曲辰(2006)按供电区域、客户规模、客户性质、客户需求、电价、客户信用度和经济贡献率等标准细分对北京电力公司的客户进行了细分研究，并通过细分结果制定了北京电力公司差异化服务策略。王雷(2005)介绍了电力客户细分的传统方法和电力客户价值细分方法，并将数据挖掘技术引入到电力行业客户细分，构建了基于数据挖掘的客户行为细分模型。

宫兴国(2001)、王永华(2007)、张鑫(2003)在研究电力市场营销时将电力市场按照不同的标准进行了细分，每个细分市场都有自己的电力客户，因此电力市场的划分在某种程度上也是对客户按不同标准进行细分。所以，电力市场营销相关研究中关于电力市场细分的研究往往与电力客户细分交织在一起。

另外，还有部分学者从客户交纳电费信用与风险等级评定的角度对电力客户细分进行了相关研究。

以上对电费缴费模式以及电力客户细分的研究对于本书的进一步深入研究具有十分重要的借鉴作用。

1.2.2 研究问题

现有电费缴费方式研究的主体大多为电力行业相关人员，所以现已发表的关于缴费方式的研究主要是对各种电费缴费方式的笼统介绍、说明及电费缴费工作中的一些实践总结，专门深入、系统地研究电费缴费方式的文献并不多，对电费缴费方式的特点、使用客户群、适用场合等相关研究还不够系统全面。

同时，对电费缴费方式的研究结合客户需求、特点（即基于客户细分的电费缴费方式）的研究的文献较少。不同客户对电费缴费服务的需求不尽相同，而不同缴费方式所能提高的缴费服务并不能满足所有客户的所有需求。因此，当研究电费缴费方式时，考虑客户不同需求，将电费缴费方式与客户类型进行匹配分析就显得尤为重要。

此外，研究电费缴费方式的根本目的是为了让客户能够及时、尽早、便捷地缴纳电费。客户及时缴费可以提高电费回收率，降低电力企业经营风险；客户尽早缴费以减少电费在途时间、缩短电费回收周期，为电力企业带来资金的使用价值；只有为客户提供便捷的缴费方式，客户才会及时缴费，才能尽早缴费，对电力企业服务的满意度才会提高。纵观现有对缴费方式的研究，将对电费缴费方式的研究的落脚点放在避免欠费、缩短资金回收周期兼顾以优质服务来提高客户满意度的较少，对企业经营的实际指导意义不大。

通过以上对现有研究存在问题的分析，本书所要研究的问题得到了明确和深化。至此，本书提出所要解决的核心问题，“各种电费缴费方式的概念、特点、适用场合有哪些？如何对电力客户进行细分？各种缴费方式与不同客户类型应该如何匹配？各种缴费方式在推行时应制定怎样的配套措施来确保电费及时、足额回收？”

1.3 研究目标及内容

1.3.1 研究目标

电费回收是供电企业电力营销工作的重中之重(凌洁,庆克堂,2009)。如何为用电客户提供更加方便、快捷、优质的服务已成为各供电企业提升企业社会形象的关键(2008,于春菊)。本书将从研究各种缴费方式的特点、适用范围入手,结合对电力客户细分结果,进行电费缴费方式与客户类型的匹配分析,制定出适合客户差异化特点和需求的电费缴费方式组合,并研究相应的配套措施,以达到提高电费回收率、缩短电费回收周期、提高优质服务水平的目的。

1.3.2 研究内容及研究方法

本书分为 8 章,其中 2～7 章是本书的核心内容。

第 1 章为引言。在分析了电力企业电费回收模式的现实背景和理论背景的基础上,指出了现有研究存在的问题,提出了本书所要研究的问题,同时明确了研究意义,并陈述了研究内容、研究方法及研究思路。

第 2 章为现行缴费方式及其发展趋势分析。首先对国内现有缴费方式进行了归纳、整理、分析,研究了每种缴费方式的内涵、特点及适用范围;然后对世界主要国家及中国香港、台湾地区电费缴费方式的特点进行了分析,并分析了国内外电费收缴方式的发展趋势。

第 3 章为电力客户细分方法研究及价值评价指标体系的构建。其主要介绍了客户细分理论及客户价值理论,研究了电力客户细分的方法,构建了电力客户价值评价指标体系。

第 4 章为电力客户细分及价值评价信息系统的开发与实现。基于上述电力客户细分方法及价值评价指标体系，开发了电力客户细分及价值评价信息系统。

第 5 章为电费缴费方式调查问卷的统计与分析。根据调查问卷统计了 A 市供电局法人客户和居民客户现有缴费方式的基本情况，分析了客户希望的缴费方式，以及待推出缴费方式的客户接受程度。

第 6 章为电费缴费方式配置策略。分析了法人客户电费欠费问题从缴费方式解决的措施，结合电费调查情况分析了居民客户的缴费方式配置策略，并提出了其他配套措施。

第 7 章为结束语。简要回顾了本书的研究背景和前人研究的不足，对整个研究过程做了一个简要的总结。

1.3.3　研究思路

本书首先对国内外现行缴费方式进行了归纳、整理、分析，研究了每种缴费方式的内涵、特点及适用场合，并分析了国内外电费收缴方式的发展趋势；接着，研究了电力客户细分方法及细分后的不同客户群体的特点，构建了电力客户价值评价指标体系，在此基础上进行了电力客户细分及价值评价信息系统的分析、设计与实现；进而结合《电力客户缴费方式满意度调查问卷》的分析结果，进行了客户类型与电费缴费方式的匹配分析；最后，研究了适合客户差异化特点和需求的电费缴费方式组合，制定出相应的配套措施，以期实现降低电费余额、缩短电费回收周期、提高服务质量的目标。本书总体研究思路如图 1 - 1 所示。

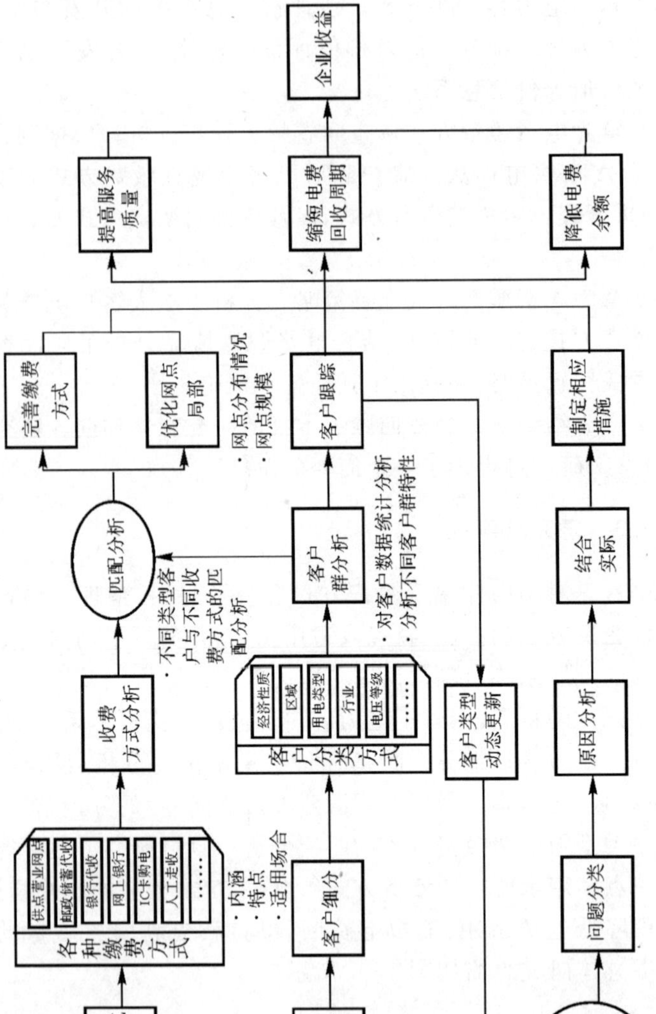

图1-1　本书总体研究思路图

第2章　现行缴费方式及其发展趋势分析

2.1　中国大陆现行电费收缴方式的分析

根据国内电费收缴方式文献的查阅，以及国内各电力公司电费收缴方式资料的搜集，将国内现行的电费收缴方式归纳为18种，分别是：供电公司营业厅缴费方式、人工走收缴费方式、银行代收缴费方式、银行转账结算缴费方式、同城特约委托收款缴费方式、银行折（卡）代缴方式、邮政储蓄代收缴费方式、网上缴费方式、电话银行缴费方式、手机银行缴费方式、银行自助终端缴费方式、供电公司自助终端缴费方式、电费充值卡缴费方式、社会化代收点缴费方式、临时收费点缴费方式、IC卡购电缴费方式、负荷控制预购电缴费方式、合作营业厅柜台缴费方式。

2.1.1　供电公司营业厅缴费方式

供电公司营业厅缴费方式也叫营业柜台坐收电费（温斌，杨林涛，2004）。窗口缴纳（徐进，2006）、营业网点坐收（周继惠，2007）缴费方式，是指客户到供电公司直属的营业厅柜台，以现金形式缴纳电费的方式。供电营业厅窗口交电费的主要特点是定点、定时，是我们目前采用最广泛的一种收电费方式（陈可钰，杜淑勤，2009）。客户可以在缴费过程中查询当月用电量信息，并且按用电量缴纳相应的电费，缴费后可直接取得电费发票。这种方式是多年来客户心目中理所当然的缴费方式。其最大优点，是顺应了广大客户的传统观念，按照客户的习惯思维方式，在柜台进行面对面的、一手交钱一手给票的交易。这种方式最直观，客户有疑问可以当面询问，大多数客户愿意采用这种方式。但是这种缴费方式成本较高，如供电公司自建营业厅的成本，客户缴费所花费的乘车成本、时间成本等。此外，由于绝大多数客户的电费结算周期是按月进行的，每月收费开始时间与截止时间最长是两个星期，这就带来另外几个方面的问题(2005，李桂涛)：

(1)供电公司现有营业网点较少，且有营业时间的限制，而且一般每月电费的缴纳有固定的时段，因此营业厅通常会出现平时客户量小，缴费时段业务量大，客户排队等候时间长的现象。收费高峰期间，营业厅人满为患，排队时间过长，极易引发客户不满情绪，进而产生争吵甚至是过激行为。

(2)找零不方便。只要涉及现金收费，必然要找零，由此带来单笔业务耗时过长、备用零钱不足等问题，经常引发客户不满情绪，甚至出现纠纷。

(3)定点定时收费，客户每月要定期到缴费点交费，交费时间的冲突、路途太远、忘记交费时间等问题给客户带来一定程度的不便。

(4)现金管理不便。在坐收方式下，企事业单位，一般交转账支票或银行进账单，而居民客户，绝大多数交现金，这样一来，收费点在收费期间每日积累数额较大的现金。

因此，供电公司营业厅缴费方式主要适用于居民客户，尤其是习惯于传统“当月用、当月交，用多少、交多少”的居民客户的首选缴费方式。这类客户通常以老年人、时间充裕的人、观念陈旧的人、受经济条件限制不愿预缴电费的人为多数。该方式同样适用于采用其他方式缴费失败后的各类客户，其可收取全部种类的应缴费用(包括电费、临时电费、违章窃电追补电费、电费违约金、违约使用电费及验表费等)。

2.1.2　人工走收缴费方式

人工走收缴费方式也叫抄表人员上门收费。专人上门收费(温斌,杨林涛,2004)、上门收取(徐进,2006)、上门走收(周继惠,2007,黄敏如,2006)缴费方式,是指由供电公司的抄表人员或专门的收电费人员,每月在固定的时间挨家挨户上门收取客户当月的电费,人工走收工作流程如图 2-1 所示。

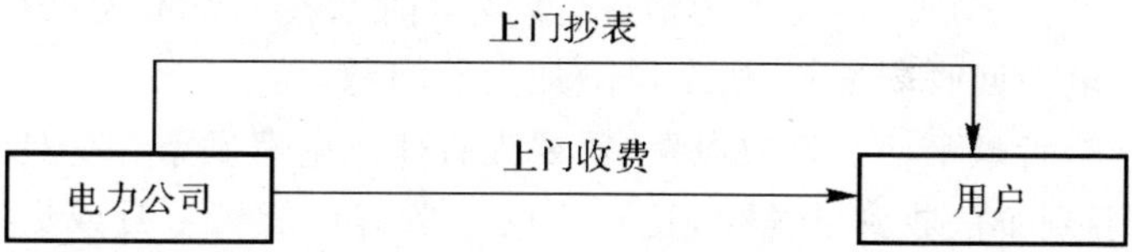

图 2-1　人工走收工作流程

人工走收缴费方式在过去计划经济时代,实现方式相对简单,操作灵活,因此曾被广泛采用。随着社会发展和技术进步,国内部分经济发达的地区已经逐步用其他的电费收缴方式代替这种方式。"走收"只是在居住量小、且分散的用户中使用,目前成为一种补充的收费方式(刘永波,2005)。目前存在的人工走收缴费方式,是电费回收和优质服务工作的共同需要,与以前的走收方式相比已经发生了根本变化,其优点(2005,李桂涛)表现在:

(1)体现了想客户所想的服务精神。对那些行动不便的长者以及残疾人士,采取上门收费的同时,可以关心其用电情况,解决其用电中存在的困难,进一步密切了企业和社会的关系。

(2)对边远农村地区,距离交费点较远的客户,采取上门收费方式,可解决这些客户交费难的具体问题。

(3)对于那些白天很忙,没时间交费的客户,利用周末或晚上时间上门收费,帮助这些客户及时交费。

(4)便于与客户交流,及时向客户宣传用电政策等。

但是,上门收费也存在不容忽视的几个方面的问题:

(1)资金问题。收费员上门收费,出门需要携带小额现金以备找零,非常不便;同时,需要随身携带实时收缴的电费,其人身安全和资金安全得不到保障。

(2)供电公司需要投入大量的人力。在目前客户量日益增加,而且绝大多数都是小额电费的客户的情况下,投入大量人力走收电费,其效益得不到充分发挥;供电公司人员上门收费经常会遇到多次上门,客户家中无人的情况,造成上门走收工作量大、劳动效率低、电费回收周期长、资金风险加大等问题。

(3)管理不便。走收电费,需要先打印出电费发票。一旦上门收费遇到不能收到的情况,这一户的电费有可能到下月或更久才能收回,其电费违约金无法处理。

(4)对于用户来说,固定的上门收费时间,时间成本也比较大;随着个性化需求,入户也被一些人认为是对个人隐私权的一种侵犯(刘永波,2005)。

这种方式适用的场合是:缴费网点覆盖不到、相对偏远地区的居民客户或以其他方式交费不便的客户(老年人家庭)。

2.1.3 银行代收缴费方式

国内对电费的银行代收缴费方式概念的范围界定不一致。大连供电公司将通过银行柜面、网点自助终端、电话银行、网上银行交纳电费以及居民用电客户与银行签署《委托银行代交电费协议书》后由银行通过客户的账户为其代交电费的缴费方式都归为“委托银行代收电费”。有文献将银行现金代收、银行划拨、银行代扣都归为银行代收(徐进,2006)。本书中的银行代收缴费方式特指客户到与供电公司有代收电费合约关系的银行柜台以现金的形式缴纳电费的方式,即银行方根据客户提供的用电编号查询、缴纳电费,收取电费后打印缴费凭证或者提供供电公司的电费收据。银行代收缴费工作流程如图 2 - 2 所示。

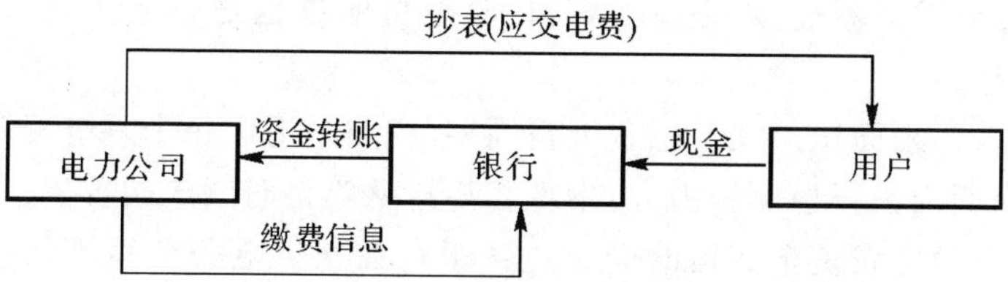

图 2 - 2　银行代收缴费工作流程

银行作为金融服务单位，在从事代收转账业务方面，具有极大的优势。银行是依照《商业银行法》和《公司法》设立的吸收公众存款、发放贷款、办理结算等业务的企业法人实体，是从事货币转账结算的专业化组织，银行拥有众多的营业场所，建立了专业性极强的货币收支、转账、交换体系。银行代收电费，是对银行基本业务的一种扩展，属于一项中间业务。银行代收电费是社会分工发展的必然结果。按照现代社会分工理论，没有哪个行业是能够单凭某一个主体的力量完成的，将内部事务区分，由不同的人按分工承担，是社会化大生产分工的基本原理在公用事业领域中的体现。

银行代收的长处表现在：

(1)方便了客户缴费。对用户来说，银行网点一般较多，支付时发生的车费、时间等方面成本较小，尤其是距离供电公司营业厅很远的客户，可以到就近的银行网点缴纳电费，确实非常方便。

(2)拓展了收费点的数量，降低了电力公司的收缴成本，减轻了供电企业柜台收费的压力。

(3)由于供电企业收费柜台现金量的减少，一定程度地减轻了现金管理的压力。

(4)与储蓄划拨相比，客户可以当场取得电费发票，心理上容易接受；另一方面，由于实时联网，客户缴费的同时在电力数据库中销账，不存在时间差的问题，误解和纠纷也少得多。

基于以上优点，银行代收电费成为目前比较普遍的公用事业收费形式。不过，对银行而言，代收电费业务也是一项挑战，具体表现为：

(1)柜面压力大。电费缴费周期的存在，造成每个月电费缴费高峰期内银行柜面压力大，出现客户排队等待时间长的现象。

(2)电费资金滞留时间短。各银行在与供电公司签订代收协议时，为了与其他银行竞争，往往免收代收手续费，其利润的唯一来源就是希望每月数百万的电费能在账户上多周转一些时间，但由于现在的地、市供电部门多是省电力公司的派出机构，财务账户往往均由省公司统一管理、统一调配，几乎是账面上一有费用立即就被划转到省公司的账户上(2003，郑新)，使得银行代收业务的利润极低。

(3)成本高。银行开展代收费业务后，新增的成本包括：初期投入费用，其次是邮寄账单新增的邮费，还有电脑打印设备的折旧，以及那些被招来帮忙分捡、裱糊账单的人员工资。

归纳起来，银行代收缴费方式还存在如下问题(2005，李桂涛)：

(1)银行拒收现象较为普遍。由于电费数额小、在收费高峰期交费人多、资金滞留时间短、无利可图、激励机制跟不上、银行职员积极性不高等原因，银行的代收积极性差，经常以供电公司网络不通等诸多借口拒绝客户现金缴纳电费，使客户为缴纳电费多次往返银行，并且埋怨供电公司。

(2)电力客户在交费的同时可能会咨询很多电价政策、电费等方面的问题，银行职员不可能给予明确答复，特别是在繁忙的时候，有可能服务态度比较生硬，给客户造成一种服务不好的印象，降低他们下次再到该银行缴费的热情。无论是拒收，还是服务态度问题，客户都是埋怨供电公司，不会埋怨银行。一问起交费问题，客户对供电部门怨气很大。这类问题与银行交涉的时候，银行的态度十分坚决，表示要严肃查处，但是事后效果并不明显。

(3)技术层面的问题。实时联网收费的前提，是银行的网络系统、供电方的网络系统以及双方的通道、防火墙等设备完全正常，任何环节的故障，都会造成业务中断；再就是网络安全问题。既然可以实时访问，就不可避免地会发生网络数据安全方面的问题。

银行代收缴费方式是国内现行较为普遍的电费收缴方式之一，不过随着银行中间业务的增多，柜面压力的增大，以及电力公司的引导和电力客户观念的转变，银行柜台电费收现业务将逐步向银行转账或扣划业务转变。

这种方式适用的场合是：老年人、时间充裕的人、观念陈旧的人、受经济条件限制不愿预缴电费的人。

2.1.4　银行转账结算缴费方式

银行转账结算是指不使用现金，通过银行将款项从付款单位(或个人)的银行账户直接划转到收款单位(或个人)的银行账户的货币资金结算方式。

按照银行结算办法的规定，除了《现金管理暂行条例》规定的可以使用现金结算的以外，所有企业、事业单位和机关、团体、部队等相互之间发生的商品交易、劳务供应、资金调拨、信用往来等均应按照银行结算办法的规定，通过银行实行转账结算。以银行转账结算方式缴纳电费，有其独特优势：

(1)方便快捷。银行转账结算是通过银行集中清算资金实现的。银行通过使用各种结算凭证、票据在银行账户上将资金直接从付款单位(或个人)划转给收款单位(或个人)，不论款项大小、繁简，也不论距离远近，只要是在结算起点以上的，均能通过银行机构及时办理，手续简单，省去了使用现金结算时的款项运送、清点、保管等手续，方便快捷，从而缩短清算时间。

(2)安全可靠。实行银行转账结算，用银行信用收付代替现金流通，使各单位之间的经济往来，只有结算起点以下的和符合现金开支范围内的业务才使用现金，缩小了现金流通的范围和数量，减少在途资金流转过程中的风险。

(3)有利于规范电力营销行为，提高供电公司的服务水平。减少了电力营销的中间环节，大大提高了供电公司的电费回收率和资金到账率。

这种方式适用的场合是：电费金额较大的企业客户。

2.1.5 同城特约委托收款缴费方式

同城特约委托收款也称结算划拨电费或者托收电费，是供电企业营业部门与企业客户协商一致共同签订电费结算协议，通过银行拨付电费的办法，主要采用“托收承付”的方式，即由收款单位将托收承付结算凭证送交银行，由银行通知付款单位，经付款单位同意后，再由银行拨入收款单位的账户。客户需要到电业局营业厅或电费结算中心领取委托银行收款的协议书，根据协议书上的要求，填写有关内容后盖上付款单位印章。从协议约定日期起，电业局将通过企业客户指定的账号直接划拨电费款项，票据与清单将随银行转交给企业客户(增值税发票除外)。这种收费方式具有手续简便、资金周转快、便利客户、账务清楚等优点。同城特约委托收款缴费流程如图 2-3 所示。

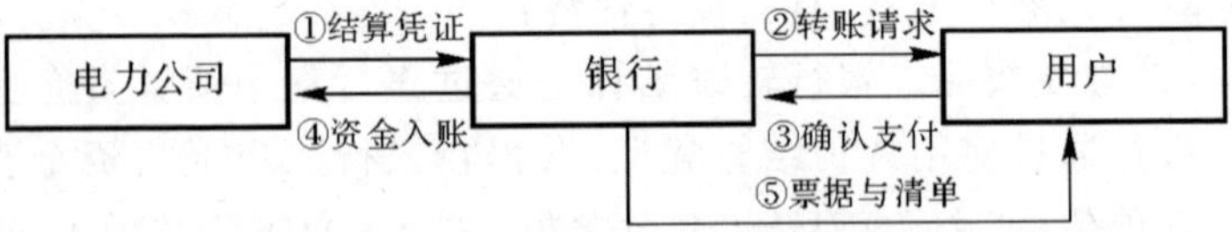

图 2-3 同城特约委托收款缴费流程

这种方式适用的场合是：电费金额较大的企业客户。

2.1.6　银行折(卡)代缴方式

银行折(卡)代缴方式,是指用电客户事先提供一个活期储蓄存折或信用卡的账号,供电公司与客户签订划款协议,在计算出用电客户本期应缴纳的电费后,将有关数据传递给代扣银行的储蓄网点,在客户的资金余额足以缴纳电费的前提下,把用电客户本期应缴纳的电费划入供电公司提供的账号内。

供电公司与多家银行实时联网,实现客户自主选择储蓄网点缴纳电费,并保证电费资金安全和促进实施与银行计算机联网,实现电费回收的现代化管理。客户可以任选与供电公司签约银行的任何一个储蓄网点开立活期储蓄户或储蓄电费专户,每月用电客户电费将由银行根据供电企业提供的代扣数据从客户签约的代扣账户中自动划拨结算电费。银行批量代扣电费流程如图 2-4 所示。

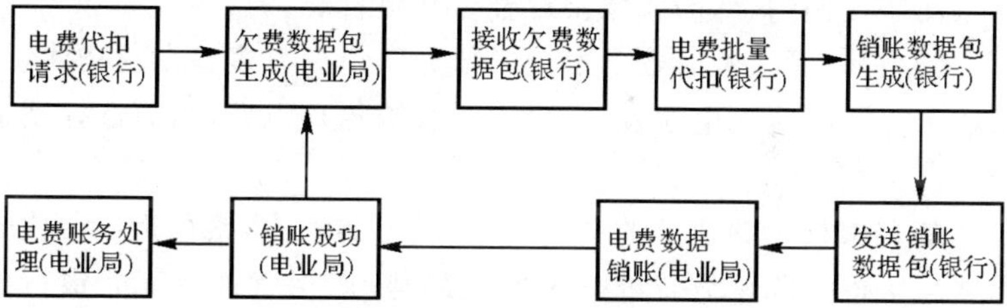

图 2-4　银行批量代扣电费流程

银行代扣电费在确保电费资金安全、降低电费回收成本、缩短电费回收周期、提高电费回收率等方面存在较大的优势,主要体现在(黄敏如,2006):

(1)可实现电费的大量收取,减轻供电营业窗口的收费压力,优化供电业务人力资源管理,更有利于做好电力营销管理工作。

(2)可实现实时扣费,缩短电费回收周期,使供电企业在电费收取上有更高的主动权,减少欠费情况的发生,提高电费回收率。

(3)扣费金额可实现实时到账,减少在途资金,切实保障电费资金安全,降低经营风险。

(4)可随现金缴费客户的减少,节省收费人力资源配置;并通过与银行的友好协商,免收供电企业的服务费,降低电费回收的成本。

在推广过程中,会有小部分客户拒绝办理银行代扣业务,主要原因有:

(1)观念落后。由于理财观念跟不上,有一些农村客户对银行扣费的准确性持怀疑态度,总觉得银行会多扣或错扣,甚至有个别客户认为银行与供电方会有什么“阴谋”,因而抗拒办理业务,或办理了该项业务,故意不在账号上预存资金,造成银行方无法扣费。

(2)担心信息不灵通。部分客户担心未能及时了解电费信息,无法进行“对账”;还有部分客户担心账号余额不足,未能及时补充存款而产生违约金,因而觉得现金缴费更直观。

(3)担心无法及时收到发票。部分客户拥有多幢出租物业,因担心未能及时收到电费发票,延误了收取租户电费,因而选择现金交费。

随着银行中间业务的增多,柜面压力的增大,银行折(卡)代缴方式成为电费收缴方式的一种发展趋势,广州就曾有部分银行停止办理柜台电费收现业务。供电公司应当加大对银行折(卡)代缴方式的宣传,让居民逐渐接受电费资金的自动划转。

基于银行折(卡)代缴方式的特点,这种方式适用于抄表到户的居民客户,以及中小企业的小额电费支付。这种方式在初期不易为观念陈旧的客户所接受,因为他们会担心账户资金的安全性,以及扣款数额的准确性。但是从电费收缴方式及经济的发展趋势来看,这对居民客户将是一种普遍适用的缴费方式。由于电费资金是由银行自动划转的,客户只需保证账户余额足够支付当月电费即可，而为账户存入资金的时间可以由客户自由支配，因此，银行折（卡）代缴方式尤其适用于工作繁忙，空闲时间少，受到供电公司营业厅营业时间限制，缴费困难，希望能够灵活安排缴费时间的客户。

2.1.7　邮政储蓄代收缴费方式

邮政储蓄代收缴费方式也叫邮政储蓄代收电费业务（周继惠，2007），或者邮政储蓄划拨电费（杨前，2006）。邮政储蓄代收缴费方式是供电企业、客户、邮政储蓄所共同合作的一种新型电费结算方式，具有与银行代收缴费方式、银行折（卡）代缴方式相似的特点，邮政储蓄所同银行一样，既可以进行柜台电费收现业务，也可以进行存折代扣电费业务。供电公司每月根据客户的用电量，通过网络向邮政储蓄所提供抄表电量、电费数据，由邮政储蓄所收取或在电力客户的开户存折中扣除当月或陈欠电费。客户如果想要了解自己的用电情况，可以在扣款后在任意联网的邮政储蓄所或者供电所打印所扣金额的电费发票，使客户一目了然。如果客户对电费有疑问，可向邮政储蓄所、供电所咨询。客户办理邮政储蓄划拨电费时，可以本着自愿的原则，按照各自用电性质和用电量的大小，向邮政储蓄所缴纳半年以上的电费。客户的储蓄金额不足时，供电所提前一个月通知客户续存。只要客户的电费专用存折上有存款，邮政储蓄所即可按时划拨电费，客户既省时又省心。为了消除客户的疑虑，各供电所每月定期向客户公布每户的实际用电量、电价和电费金额。

邮政储蓄具有点多、面广、营业时间长（早开晚关，节假日不休息）、贴近居民生活（网点设在居民区、市场、商厦等地）的特点，尤其是邮政储蓄在大部分银行等金融机构分布较少的农村地区有着合理的分布，使得客户亲自去柜台交费十分方便。对于持有邮政储蓄所绿卡的居民客户，还可持绿卡在邮政储蓄所的 ATM 机自助缴费,并享受24小时服务。

邮政储蓄所是供电公司继与银行合作后的又一电费收缴合作伙伴,是供电公司营业网点的扩充。由于邮政储蓄作为金融机构,在某些方面具有与银行相似的特点,国内多个地区的供电公司都与当地的邮局合作,推出了邮政储蓄代收电费的业务,这也是电费收缴方式发展的一个趋势。邮政储蓄缴费方式除了与银行代收缴费方式及银行折(卡)代缴方式一样适用于大部分城镇居民客户缴纳电费以外,还适合地理位置比较偏僻、金融机构分布较少的农村偏远地区的居民。

2.1.8 网上缴费方式

网上缴费方式的形式有两种:一种是登录供电公司网站或银行网站,通过网上银行支付电费;另一种是通过网络公共事业一体化缴费平台缴费。

网上银行缴费方式是指在供电公司与银行联网的情况下,用电客户可与供电公司和银行签订有关电费资金划转协议,然后通过Internet登录供电公司或银行的相关网站,查询电费信息,通过有关的密码验证后,把自己的资金划转到供电公司的银行账号上,完成缴费。

网上银行在现有实体银行的基础上,利用互联网开展银行交易业务。即传统意义上的银行利用互联网作为新的服务手段为客户提供在线服务,实际上是实体银行服务在互联网上的延伸。与传统柜面业务相比,网上银行具有很多优势(张琼华,2007):

(1)低成本和价格优势。这是因为组建成本低,一般而言,网络银行的业务成本不高,据初步测算,一笔网上银行业务成本仅为一笔柜面业务的成本的1/6。因而,开展网上银行业务可以减少银行固定网点数量,降低经营成本,同时还可以避免每月电费缴费时期银行柜台压力。

(2)方便快捷、无时空限制的优势。网上银行不受时空的限制,可以每天向客户提供 24 小时不间断服务。对于许多生活节奏快、空闲时间不多的人士,网上银行无疑是一种快捷、省事的电费缴纳方式。

(3)标准化服务的优势。网上银行提供的服务比营业网点更标准、更规范,避免了因工作人员的业务素质高低及情绪好坏所带来的服务满意度的差异。

但是,我国目前的网上银行缴费在实践中还存在一些问题:

(1)客户对网上银行缴费方式的接受程度低。客户要使用网上银行就必须具备一定的互联网知识和电脑使用技能,而我国民众信息化水平整体较大落后于金融企业,网上银行的使用度较低。

(2)客户对网上银行的安全性的不信任,严重制约了网上银行的业务发展。安全问题仍然是网上银行的核心问题,虽然网上银行安全性有了很大提升,但是很多客户出于资金安全考虑对网上银行的使用持谨慎态度。

(3)作为交易渠道的网上银行在我国目前更多地是提供一种服务,业务基本是柜面业务的复制,缺乏符合网络特点的个性化服务,并且从赢利角度来讲,其能力还是很弱的。

网络公共事业一体化缴费平台是集水、电、燃气、固话、宽带、手机费、公路养路费等多项公共事业收费为一体的缴费平台。上海的"付费通"和北京的"数字北京缴费通"都有网上缴费的功能,这是一种"政府＋第三方代理缴费服务企业＋银行"的联盟模式,是政府优化"缴费"和"收费"环境,提高公共服务水平的方式。通过网络公共事业一体化缴费平台方式缴纳电费,除了具有与网上银行方式相似的优点外,还具有"一站式"服务的优势,可以多种账单一次付费,免去了到多个地点缴纳不同费用的麻烦。

鉴于网上缴费方式的特点,这种方式主要适用于对电脑、互联网比较熟悉并且上网便利的客户群体,这一客户群体通常受教育程度较高，乐于接受新鲜事物，以年轻人居多。从客户对缴费方式的特殊需求来看，网上缴费方式适用于无法在供电公司营业厅的营业时间或各类代收机构的营业时间缴费的客户，或者生活节奏快，工作繁忙，无暇排队等候缴费的客户。

2.1.9 电话银行缴费方式

电话银行缴费是指客户拨打银行的客服电话，通过电话从客户的银行账号上缴纳电费。用电客户可以通过拨打与供电公司联网的银行的客服电话，查询自己有关电费信息和银行资金信息，然后选择代理业务中的电费业务。这种方式主要适用于居民或以现金方式交费的用电量较小的一些非居民用户（温斌，杨林涛，2004）。

电话银行是近年来国外日益兴起的一种高新技术，它是实现银行现代化经营与管理的基础，它通过电话这种现代化的通信工具把用户与银行紧密相连，使用户不必去银行，无论何时何地，只要通过拨通电话银行的电话号码，就能够得到电话银行提供的其他服务。

电话银行的实质就是客户服务响应中心。同网上银行一样，使用电话银行办理缴费时，缴费金额将从注册卡的基本账户中扣除。使用电话银行的前提是必须到柜面办理电话银行申请注册，然后通过电话银行自助语音和坐席代客户进行缴费。电话银行同样具有方便快捷、无时空限制的特点，但操作容易出错，有时需要重复操作。此外，电话银行的安全性目前受到一些专家的怀疑。

电话银行的适用范围主要为受教育程度较高、居住或工作在城市、个人收入相对宽裕、有 24 小时缴费需求的居民用户。

2.1.10 手机银行缴费方式

手机银行并非电话银行，电话银行是基于语音的银行服务，而手机银行是基于短信的银行服务。目前，通过电话银行进行的业务都可以通过手机银行实现，手机银行还可以完成电话银行无法实现的二次交易。比如，银行可以代用户缴付电话、水、电等费用，但在划转前一般要经过用户确认。由于手机银行采用短信息方式，用户随时开机都可以收到银行发送的信息，从而可在任何时间与地点对划转进行确认。

手机银行是继网上银行之后，依托移动通信技术迅速发展起来的一种银行电子服务渠道。通常只要是通过移动通信网络将客户手机连接至银行，利用手机界面直接完成各种银行金融业务的服务系统都可称之为手机银行。手机银行是网上银行的延伸，也是继网上银行、电话银行之后又一种方便银行用户的金融业务服务方式，有贴身“电子钱包”之称。它一方面延长了银行的服务时间，扩大了银行服务范围，另一方面无形地增加了许多银行经营业务网点，真正实现 24 小时全天候服务，大力拓展了银行的中间业务。手机银行是网络银行的派生产品之一，它的优越性集中体现在便利性上，客户利用手机银行不论何时何地均能及时交易，节省了 ATM 机和银行窗口排队等候的时间。

虽然多家银行都已开展国内手机银行业务，但由于公众的认知度和市场的发展度不高、用户对移动网络操作不熟练，手机银行还被视作新生事物，乐于接受这种金融服务的公众尚未形成规模，实际的用户比例更是无法与手机用户数量匹配。虽然目前手机银行还存在着认知度和推广方面的问题，但总的前景依然乐观，随着手机越来越普遍的使用、技术的不断完善，仍有充分理由相信，利用手机银行缴纳电费会逐渐普及开来。

目前，手机银行缴纳电费主要适用于受教育程度较高、居住或工作在城市、个人收入相对宽裕、有 24 小时缴费需求的居民用户及追求新奇的年青时尚群体。

2.1.11 银行自助终端缴费方式

银行自助终端缴费是指客户在银行营业大厅、自助银行营业厅的查询终端上通过触摸屏操作进行缴纳电费。

自助终端是银行提供给个人客户自助办理查询、缴费、补登存折、打印对账单和查询金融信息等业务的多功能电子银行自助设备。尤其是离行式自助终端(就是设置在银行网点以外地区的自助终端),通常设置在社区、商业区,所以,用户可以在购物、休闲的时候很方便地进行自助缴费,免去银行排队之苦。利用银行自助终端缴费方式缴纳电费,对所缴纳的费用清楚、明了,方便快捷,不受时间限制。不过,缴费时需要对自助终端进行多步操作,容易出错,有时需要重复操作。

银行的多媒体自助终端机一般采用先进的触摸屏技术,客户只需用手指点击电脑屏幕就可以轻松处理业务。目前,我国仅有ATM机近10万台,自助缴费终端市场仍具有极大的发展空间。

该方式主要适用于接触银行自助终端机会较多,并且对其操作熟悉的城镇居民客户。

2.1.12 供电公司自助终端缴费方式

供电公司自助缴费终端缴费方式是为电力行业提升品牌形象,提供优质服务而开发的新型缴费方式。从电力客户缴纳电费的角度来看,这种缴费方式的功能和操作与银行自助终端是类似的。

一般来讲,自助缴费终端支持电力客户用现金(或银联卡)缴费,当缴费金额大于应交金额时,作为预存电费处理,存入本用户账户,下月结转自动从应交金额中扣除账户余额。同时,供电公司的自助缴费终端也可以宣传和发布供电公司政策、信息,及实时打印现金收据以及电费收据(如果网络发生故障,客户可以凭现金缴费凭条到营业大厅办理相关业务）。

该种缴费方式方便、实用、易操作维护，可以通过用电客户自助缴费大大减轻大厅人员业务工作量。但是缺点也非常明显，如果缺乏宣传，会导致系统闲置，造成浪费。自助终端缴费方式是传统的缴费观念的一次变革，如果宣传到位，辅导及时恰当，该系统是方便、快捷、实施迅速的解决收费问题的途径之一。

该缴费方式的适用范围和银行自主缴费终端方式类似，适合接触电力公司自主缴费终端比较方便并且具有对其操作能力的城镇居民客户。

2.1.13　电费充值卡缴费方式

“电费充值卡”对客户而言，又多了一种全新的电费缴纳方式，极大地方便了那些无暇缴费的客户，使他们搭上了便捷的缴费“直通车”。对供电公司而言，丰富了电费的回收渠道，增加了市场容量；大大减轻了供电营业人员的工作量，保证了现金回收和资金安全；提高了工作效率，并尽可能缩短电费回收的时间差，引导电能使用从传统的“先消费、再缴费”到“先缴费、再消费”或“边消费、边缴费”的转变。

电费充值卡由供电企业发行，是带有卡号、面值和密码等信息的一次性使用卡片（欧阳柳，刘强，2008）。广大电力客户只需购买相应面值的充值卡（采用标准 PVC 卡，卡上印制序号、卡号、金额、充值卡密码与充值方法说明，充值卡密码采用覆膜保护，充值卡面值为固定金额，面额可以分为 10 元、20 元、50 元、100 元、500 元等，并采用单次充值方式，即全额充值），通过拨打指定充值电话号码，根据自动语音提示，输入充值卡号、密码及用户号，经系统确认后，即可完成自动充值，具体操作如图 2－5 所示。

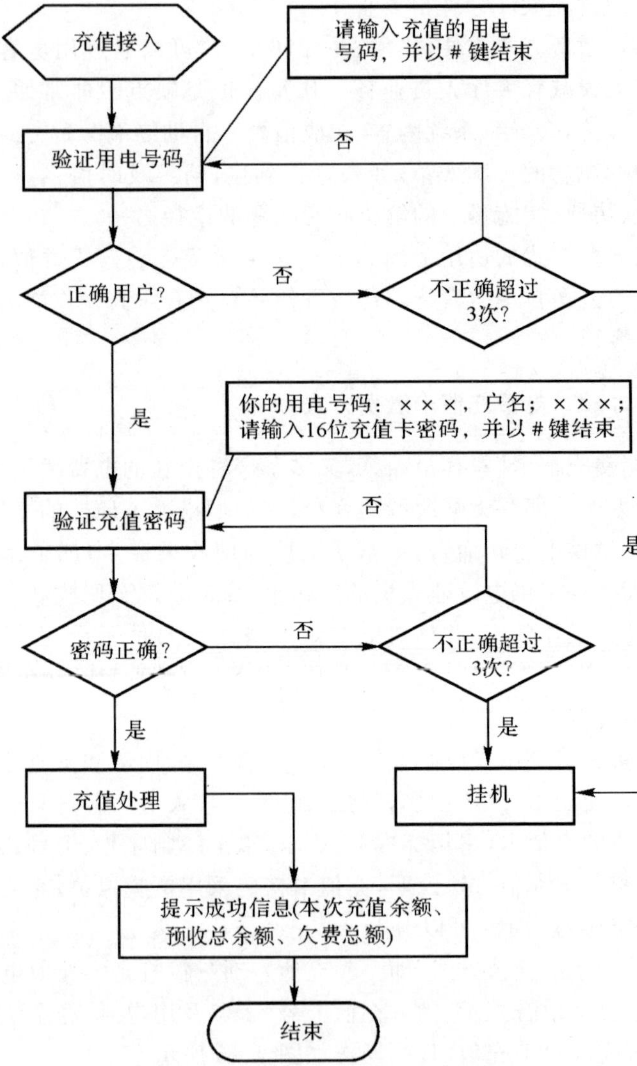

图 2-5　充值卡语音充值操作流程图

除了可以直接语音充值外，电力客户还可以直接使用“电费充值卡”通过短信充值(编辑短信“卡号＃密码＃户号＃用户所属供电局代码＃”至电费充值介入号码;系统会及时返回充值信息)、网上充值(用电客户可以到供电公司网站的“缴纳电费”菜单下，根据提示输入用户编号及其充值卡号、密码，返回充值信息)、柜台充值(用电客户可以持电费充值卡到营业大厅坐席充值)等方式来实现缴费的目的。

当然，实施电费充值卡缴费需要一定的技术条件(梁捷生，洪志章等，2006)：首先，必须构建一个比较完整的计算机网络，实现各营业网点收费计算机系统的联网，实现与银行、电信、因特网等外部系统的联网;其次，必须实现电费数据大集中，将各供电所的电力营销数据统一集中到该公司的数据库服务器;此外，系统必须实现交费实时化，并支持预交电费交易业务。

电费充值卡缴费方式的引入是对现有缴费方式的创新，其优点主要表现在以下几方面(蒋斌，2006)：①提供了一种真正意义上的 24 小时缴费方式，提高了服务水平，方便了客户，降低了供电企业对银行代收费的依赖性;②实现了居民部分缴费，改变了原有的只能一次交清电费的模式，既方便了居民客户，又有利于降低供电企业的欠费回收风险;③预售的电费充值卡可以在一定程度上规避供电企业的经营风险;④电费充值卡卡面可以成为供电企业进行营销宣传的重要阵地，宣传企业形象，宣传优质服务;⑤供电企业可以委托超市、报亭等销售电费充值卡，无形中扩大了供电企业的营业网点，却不需为之付出过多的成本。

但是电费充值卡也并不是总能带来便捷。因为电费充值卡的应用一般通过操作电话来完成，对于那些不是经常使用呼叫中心的人来讲，根据语音提示进行按键操作，就会常常出现失误，所以应用电费充值卡对某些人群来讲反而是一件困难的事情。不过利用电费充值卡缴纳电费与利用手机话费充值卡缴纳手机话费是相似的，鉴于手机话费充值卡的广泛使用，利用电费充值卡缴纳电费也将成为较为普遍的一种电费收缴方式，湖北、江苏等省的供电公司已经推出了这一电费收缴方式，并且应用的效果还不错，这也是电费收缴方式的一个发展趋势。

该方式适用场合：电费充值卡适用于一户一表直接供电的城镇居民客户，客户购买电费充值卡后可以随时随地缴纳、充值。这种全新的缴费模式比较适用于观念新、时间观念强，思维活跃的中青年客户，他们对新事物接受快，并且对电话、网络、短信的应用非常熟练。

2.1.14　社会化代收点缴费方式

社会化代收点缴费方式是指供电公司授权特定机构（本书指银行等金融机构以外的社会第三方机构）或个人，允许其设备与供电公司网络相连接，委托其完成电费收缴工作，并根据收费金额按比例给予其一定的报酬。但出于资金风险的考虑，供电公司对社会化代收点的收费额度通常有一定限制。客户缴纳电费时，社会化代收点根据用电客户编号查询电量、电费信息，以现金方式收取电费，并打印电费收据。社会化代收点可以分为两类：一类是专门提供电子商务综合服务平台的第三方企业。这类代收点不仅能代收电费及其他公共事业收费，还具有订购机票、火车票、各类旅游门票及查询各类公共信息的功能。这类代收点通常设置在各居民社区，能够为居民提供“一站式”的缴费服务。另一类是超市、便利店、书报亭这样的零售机构。通常零售机构数量多、分布广泛、人流量大，具有提供便捷服务的能力。因此，只要代收电费软、硬件设施易于安装、操作简便，超市、书报亭、小卖店等出于报酬，均有积极性成为电费的社会化代收点。

相对于银行等金融机构代收方式，社会化代收点缴费方式的资金风险较大一些。供电公司可以采取预先收取电费代收点保证金的方式允许代收点在保证金范围内收取电费(也就是收费上限),同时进行实时收费系统监控,一旦保证金余额不足以缴纳客户电费时,电费代收点便不能继续收取客户电费,供电公司也会利用收费终端自动提醒代收点及时到供电公司管理中心充值。所以对于供电公司来讲,资金会及时到位,这样便降低了资金风险。

供电公司、电费代收点和用电客户三方都可以从社会化代收电费中受益:

首先,供电公司可以充分利用社会资源,满足用电客户的缴费需求,也免除了过去电工走收带来的人身安全隐患,并且代收点有现金优势,零钱充裕,不至于由于找零不足引起客户不满。由于代收费是根据收费数量计算劳务费用,所以代收点可以起到义务宣传员的作用,不像银行制造种种借口极力把缴纳电费的客户排斥在外。有了广泛的宣传,供电公司才可以真正的减轻收费大厅的压力。

其次,对于社会化代收机构而言,由于无线 POS 终端技术和 GPRS 无线网络技术的成熟应用,代收电费对场地没有特殊要求,只要有固定场所就可以参与代收电费,获得额外的收益,不需要占用额外的人力、场地资源,并且通过代收费还可以聚拢人气。

第三,对于用电客户来讲,无须排队等候、跑很远的地方,不出社区或者是在购物的同时就可以缴纳电费,自然省时省力。

该方式适合于抄表到户的居民客户缴费。有些居民客户,特别是经济收入不高的居民客户对于银行(折)卡自动扣费的接受程度不高,他们希望能够自己实施缴费的过程,不是通过计算机系统自动实现。这样社会化代收点缴费方式既扩展了供电公司的营业网点,较大程度缓解了电力公司人员收缴电费的工作负担,也为居民客户缴纳电费提供了方便快捷的服务。

2.1.15　临时收费点缴费方式

临时收费点缴费方式是指供电公司为了以较低的成本,为客户提供优质的服务以及便利的缴费方式,在居民社区或社区附近的超市、商场内设置临时的缴费网点。临时收费点是对供电公司现有网点以及其他电费代收点的补充。移动服务车是国内应用较为普遍的一种临时收费点,西安、贵阳、济南、黄石、九江等多个城市的供电公司都推出了移动服务车的电费收缴方式。

移动服务车,湖北省电力公司称其为"流动营业厅",江苏省电力公司则称其为"流动营业车",是指配备了电脑、打印机和无线上网设备等的汽车,能购实现和供电公司的系统联网,进行实时收费,同时打印正规电费发票给客户。移动服务车可以定期或不定期到居民密集区收取电费。其优点是居民可就近缴费,并可以咨询和办理用电业务(蔡学中,牛中宏,2007)。移动服务车既可以缓解用电客户集中区域的供电营业厅在缴费高峰时段的工作压力,也可以在一定程度上解决交通不便地区用电客户缴费困难的问题。

在社区附近的超市或商场,设立一个小的电费收费柜台,由供电公司派专门的工作人员(一般在 3 人以下),进行电费的收现业务,并可以及时打印发票。这种形式与将超市作为社会化代收点的不同之处在于,客户在超市的临时收费点缴纳电费,是直接将现金交给供电公司,资金风险小。而客户在社会化代收点超市缴纳电费,是在购物后结账时报出客户编号,并将电费交给超市的收银员,此时超市是受供电公司委托的第三方代收机构,电费资金存在一定的风险。

临时收费点也可以直接设立在居民社区内,只要通过简单的设备,保证收费点与供电公司能够进行实时的数据交换,就可以实现电费的收缴。

这种电费收缴方式服务的客户数量比较有限,只能作为其他收缴方式的补充,适合抄表到户的小额居民客户,尤其适用于用电客户集中的区域和现有网点覆盖不到的较为偏远地区的居民客户。

2.1.16　IC 卡购电缴费方式

随着 IC 卡技术的不断发展以及国内相关行业服务意识的提高，在与居民用户日常生活相关的计量表计中，IC 卡技术已经得到了迅速的推广和广泛的应用(荀华光，2007)。目前，在电表、水表、燃气表以及暖气热力表中都已经开始采用 IC 卡作为抄表收费、控制以及数据管理的媒介，使得 IC 卡表已经成为当前国内应用技术发展的一个亮点。通过 IC 卡作为传输介质，在用户和管理部门之间传输信息，自动实现计量仪表的抄收以及缴费工作。IC 卡购电实现了抄表、收费、控制的三位一体，彻底杜绝了欠费现象的发生，管理人员和管理费用少。在预付费卡式电能表中，IC 卡用于存放由售电管理系统写入的密码、用户信息、表常数、电量数(包括累计购电量、购电次数等)，此外，IC 卡还能存放由电能表返写的累计用电量等信息(王军，2009)。

概括起来，其优点主要体现在以下几个方面(冯湘波，1997)：

(1)提高了劳动生产率，大大减少抄表人员，通过科技进步达到了减员增效的目的。同时抄表员进门难、抄表难、收款难的问题也迎刃而解。

(2)加快了资金回收时间，提高了回收率。现在资金回收与用户用电只有 1～2 月的时间差，便于电力管理部门的资金周转。使用 IC 卡电表后，电费收缴管理也从被动转为主动，电费回收率能得到显着提高。

(3)通过售电系统的计算机管理，供电部门与用户的关系一目了然，能真正做到控制负荷，加强管理，计划用电。同时，供电部门能及时掌握用户负荷变化情况，在电力建设中做到统筹布置，有计划、有针对性地进行更新和改造。

(4)防止窃电现象的发生，杜绝了因窃电造成设备过载、导线过热而短路停电的情况。

(5)抄表员估收、错收的现象消除了,同时杜绝了人情、关系用电等违章现象。

这种方式还有一个好处:由于是预交电费,所以不存在每个月缴费周期缴费点排长队的现象。当然,这种方式的缺点也比较明显,首先是如果用户忘记缴费而已用完所购电,可能面临断电带来的不便;其次,当前的IC卡表成本较高,推广中成本分摊面临问题;此外,电力用户需要及时到指定网点充值,让用户充当了信息通道的角色,未体现管理部门服务的宗旨。

IC卡购电缴费方式体现了"先买电,后用电"的思想,是对消费者用电观念的转变,是供电公司防止电费回收风险的有效手段,是国内电费收缴方式的发展趋势。国内多数经济发达地区及大中城市的部分抄表到户的居民小区,都安装了IC卡电表,采用IC卡购电的缴费方式。

这种缴费方式适用于安装了IC卡电表的居民客户。

2.1.17 负荷控制预购电缴费方式

随着电力供需矛盾的缓解,电力负荷控制的作用已经从单一控制转向远方抄表、负荷监测等用电管理方面(厉建宾,2009)。电力负荷管理系统是在电力紧缺的情况下,在政府和用户大力支持和协助下建立起来的一种能有效地移峰填谷调整电力负荷的技术手段。对保证电网安全生产,保障重点用户和人民生活用电曾起到积极作用(周尤林,2000)。负荷管理系统是一项高科技多功能的管理系统,除负荷控制外,还可开发多种应用功能(鞍山电业局,1994)。其中一项应用功能是利用电力负荷管理系统,实现对高压用电户的购电控制,解决电费回收难的问题。

电力负荷管理系统通过负荷管理终端的预付费购电功能实现客户"随时用电、随时付钱"。电费核算中心通过与银行的联网将该客户预付电费金额根据实际电价折合成相应的电量传送给负荷管理中心,中心将该预购电量定值及超额电量定值下发给负荷管理终端,终端将根据客户的电量使用情况逐步扣减预置电量,并定时将剩余电量情况等信息上传至中心站(赵同生,曹冰等,2003),当剩余电量低于告警电量时发出告警信息,到达跳闸电量后,按预定方案开始逐步跳闸(张力,孙艳等,2004)。

负荷控制预购电缴费方式按照客户自愿的原则,通过在高压用电客户终端安装负荷控制装置,并与客户签订购电协议,对客户实行购电使用、电量预警、不购电或购电脱节即跳闸断电的电费回收办法。这种缴费方式是对电力客户消费习惯的扭转,能够实现“先买电、后用电”,不但能有效地防止电费回收风险,还可以提前收取电费资金。对于有陈欠电费的企业,可以在其购买电量的时候,按比例扣下一部分陈欠电费,这样可以减少电力公司的经济损失,提高电费回收率,加强客户的缴费意识,提高供电公司的经济效益。

我国黑龙江、吉林、辽宁、江苏、安徽、云南等地的多个供电公司已经通过电力负荷管理系统,推行了工业用户“购电制”,并取得了良好的电费回收效果。

负荷控制预购电缴费方式主要适用于用电容量较大,电压等级较高的企业客户。对于长期欠费、电费收缴困难、缺乏信誉度的客户,更加应当推行负荷控制预购电的缴费方式,以减少电费回收的风险。

2.1.18　合作营业厅柜台缴费方式

供电公司与其他具有独立缴费营业厅的城市公共事业单位(如中国电信,移动公司,联通公司)签订协议,通过信息系统的对接,实现缴费信息实时传递,共享各自营业厅缴费柜台资源,达成低成本的营业网点扩充,合作企业的双赢。这样顾客可以在电信或移动的营业厅缴纳电费,在供电公司营业厅缴纳电话费等。

其优点:以非常低的成本大大增加了缴费网点数量,方便了客户缴费。

其缺点:合作企业之间存在账务的及时核算、资金的及时清算问题。同时,供电公司营业厅的柜台会被合作企业缴费客户占用,增加柜台工作人员的工作量及工作复杂性,使供电公司管理能力也面临着挑战。

目前,湖北省襄阳市的供电公司有发展这种缴费方式的构想,他们计划与中国电信合作推出这种缴费方式。

合作营业厅柜台缴费方式是对供电公司原有营业网点的扩充,与供电公司营业厅缴费方式的适用场合相同,适用于广大的居民客户。

以上各电费收缴方式的比较表见表 2-1。

表 2-1 国内现行电费收缴方式比较表

缴费方式名称	优 点	缺 点	适用场合
供电公司营业厅缴费方式	应用广泛,符合客户传统交费习惯,即时提供发票,可同时办理其他用电业务	建设营业网点成本及交费时间成本较高,交费受营业时间限制,营业网点较少,现金管理不便	适用于居民客户(通常以老年人、时间充裕的人、观念陈旧的人、受经济条件限制不愿预缴电费的人为多数)。同时适用于缴纳临时电费、违章窃电追补电费、电费违约金、违约使用电费及验表费等费用

续 表

缴费方式名称	优　点	缺　点	适用场合
人工走收缴费方式	解决偏远地区客户交费难的问题，可以加强与客户的交流，及时向客户宣传用电政策，体现了上门服务的精神	资金安全性得不到保障，人力成本较高，客户受上门收费时间限制	适用于缴费网点覆盖不到、相对偏远地区的居民客户；或以其他方式交费不便的客户（老年人家庭）
银行代收缴费方式	网点分布广泛，拓展供电公司收费网点，降低供电的收费成本，减轻供电公司柜台收费的压力及现金管理压力，即时取得电费发票	交费高峰时期银行柜面业务压力大，客户排队等待时间长。代收业务利润较低，银行积极性不高，易产生拒收现象。银行无法提供用电咨询服务	适用于老年人、时间充裕、观念陈旧、或受经济条件限制不愿预缴电费的居民客户
银行转账结算缴费方式	方便快捷，缩短清算时间；安全可靠，缩小现金流通的范围和数量，减少在途资金流转过程中的风险；减少了电力营销的中间环节，有利于规范电力营销行为，提高供电公司的服务水平		适用于电费金额较大的企业客户

续表

缴费方式名称	优点	缺点	适用场合
同城特约委托收款缴费方式	手续简便、资金周转快,欠费风险小,账务清楚		适用于电费金额较大的企业客户
银行折(卡)代缴方式	可实现电费的批量划拨,减轻供电公司柜台的收费压力,节省收费人力资源配置,降低电费回收的成本;可实现实时扣费,减少在途资金,切实保障电费资金安全,缩短电费回收周期,降低欠费风险		适用于抄表到户的居民客户,以及中小企业的小额电费支付,尤其适用于工作繁忙,空闲时间少,受到供电公司营业厅营业时间限制、缴费困难,希望能够灵活安排缴费时间的客户
邮政储蓄代收缴费方式	除具有与银行代收缴费方式、银行折(卡)代缴方式相似的优点外,邮政储蓄具有点多、面广、营业时间长(早开晚关,节假日不休息)、贴近居民生活(网点设在居民区、市场、商厦等地)的优点,尤其在农村地区分布合理	与银行代收缴费方式相似	除了适用于大部分城镇居民客户,还适合地理位置比较偏僻、金融机构分布较少的农村偏远地区居民

续表

缴费方式名称	优　点	缺　点	适用场合
网上缴费方式	较低的成本和价格；方便快捷、无时空限制；标准化服务	客户对网上银行交费方式的接受程度低；客户对网上银行安全性的不信任	适用于对电脑、互联网技术比较熟悉并且上网便利的客户群体，这一客户群体通常受教育程度较高，乐于接受新鲜事物，以年轻人居多
电话银行缴费方式	方便快捷、无时空限制	交费操作过程容易出错，有时需要重复操作。同时，安全性受到一些专家的怀疑	适用于受教育程度较高、居住或工作在城市、个人收入相对宽裕，有 24 小时缴费需求的居民用户
手机银行缴费方式	方便快捷、无时空限制。可以通过短信息方式进行交费确认	公众的认知度和市场的发展度不高、客户对移动网络操作不熟练，乐于接受这种金融服务的公众尚未形成规模	适用于受教育程度较高、居住或工作在城市、个人收入相对宽裕，有 24 小时缴费需求的居民用户以及追求新奇的年青时尚群体
银行自助终端缴费方式	交费信息透明，方便快捷，不受交费时间限制	缴费操作过程容易出错，有时需要重复操作	适用于接触银行自助终端机会较多并且对其操作熟悉的城镇居民客户

续表

缴费方式名称	优　点	缺　点	适用场合
供电公司自助终端缴费方式	方便、实用、易操作维护,减轻供电公司柜台业务压力	如果缺乏宣传,会导致系统闲置,造成浪费	适用于接触供电公司自主缴费终端比较方便并且对其具有操作能力的城镇居民客户
电费充值卡缴费方式	方便客户,提供24小时缴费服务,降低供电公司对银行代收电费的依赖性;充值卡卡面有利于供电公司宣传企业形象;电费充值卡可由超市、报亭等代售,无形中扩大供电公司营业网点	拨打交费电话需要付市话费,对于客户存在一定交费成本	适用于抄表到户的城镇居民客户,尤其是对新事物接受快的中青年客户
社会化代收点缴费方式	使供电公司、电费代收点和用电客户三方受益;是公共事业收费的发展趋势	在欠发达地区还有待推广	适用于抄表到户的居民客户
临时收费点缴费方式	方便客户,有利于供电公司宣传企业形象,用电政策等	服务的客户数量有限,收费成本较高,只能作为其他收缴方式的补充	适用于抄表到户的小额居民客户,尤其适用于用电客户集中的区域和现有网点覆盖不到的偏远地区的居民客户

续表

缴费方式名称	优　点	缺　点	适用场合
IC 卡购电缴费方式	大大减少抄表人员，通过科技进步达到减员增效的目的；转变电力消费习惯，实现预收电费，加快资金的回收；供电公司能及时掌握用户负荷变化情况，在电力建设中做到统筹布置，有计划、有针对性地进行更新和改造；防止窃电现象的发生；杜绝抄表员估收、错收的现象	用户忘记缴费可能面临断电带来的不便；当前的 IC 卡表成本较高，推广中面临成本分摊问题	适用于安装了 IC 卡电表的居民客户
负荷控制预购电缴费方式	有利于供电公司掌握客户用电情况，转变客户电力消费的习惯，能够实现“先买电、后用电”，不但能有效地防止电费回收风险，还可以逐步回收陈欠电费	需要在用电客户终端安装负荷控制装置，并与客户签订购电协议	适用于用电容量较大，电压等级较高的企业客户。尤其是长期欠费、电费收缴困难、缺乏信誉度的客户

续表

缴费方式名称	优点	缺点	适用场合
合作营业厅柜台缴费方式	以较低的成本大大增加了缴费网点数量，方便了客户缴费	该方式目前只是一种构想，并未推广。此外，合作企业之间存在账务的及时核算、资金的及时清算问题。供电公司营业厅的柜台也会被合作企业缴费客户占用，增加柜台工作人员的工作量及工作复杂性	适用于广大的居民客户

2.2 世界主要国家的电费缴费方式

通过对众多国外电力公司门户网站的浏览和查询，找出了两个相对典型和具有代表意义的电力公司：美国加州 PG&E 电力公司和东京电力公司。

2.2.1 美国加州电力公司(PG&E)缴费方式

美国加州电力公司(Pacific Gas and Electric Company)为北、中加州约 1 500 万民众提供天然气与电力服务。此公司 7 万平方英里的服务范围北起尤利卡(Eureka)，南达贝克斯菲尔德(Bakersfield)，西起太平洋岸，东至内华达山脉。成立于 1905 年的 PG&E 是全美数一数二合并提供天然气与电力的公司。

PG&E 公司现有的缴费方式有：

1.网上付费

通过安全、保密和方便的电子账单，顾客可以在任何时间完成缴费，并且此方式可以起到节省纸张，保护树木的作用。公司在网上设立了自动付费系统，当顾客需缴纳电费时，系统会自动给顾客发送电子邮件以完成提醒顾客的任务。顾客必须让自己的PG&E账户号码以及电话号码与银行账户号码相关联。

2.邮件付费

顾客需要通过以下提示去保证付费的方便可行：

(1)不要邮寄现金；

(2)通过支票付款；

(3)不要将支票与支付息票订在一起；

(4)在支票上写上你的PG&E账户号码；

(5)在账户上签名；

(6)使用PG&E公司提供的信封。

3.电话付费

致电 1 (866) 707－0682，通过借记卡来完成电费的支付。顾客需要满足以下条件才能使用这种方式：

(1)有星型标记的借记卡；

(2)借记卡信息；

(3)触发声式电话；

(4)PG&E 11-数字账户号码。

顾客将在通话结束后得到一个支付账户确定号码，并且在24小时内提交。此独立服务提供商将收取顾客一项的交易费用。

4.自动支付系统付费

PG&E公司提供两种可选择的自动付费系统，使顾客不再担心不能及时缴纳电费。两个系统都使顾客的电费能够直接从银行账户收取，不再需要邮票，不再需要支票，而且顾客有时间在付款以前检查他们的账单。

(1)电子账单——免费自动付款。顾客可以通过银行账户或者信用卡来设立自动付费系统。通过电子账单，顾客也可以在网上查看和支付他们费用，并且当顾客需支付电费时能收到以电子邮件为形式的警报。

(2)免费自动付款系统（APS)。其利用银行账户来建立自动付款系统。APS是使用户能完全掌握PG&E公司费用的第三方系统 。顾客每个月将收到账单来显示其个人财务部门将付电费的具体日期。

5. 柜台付款

(1)顾客将很方便找到一个社区付费中心。公司提供超过400个方便、授权的付费点。这些付费点不需要任何服务费用，并且提供额外的工作时间来迎合顾客的需要。付费点将设立在各地的经济繁华地带，现金、支票、汇兑或者银行开出的支票都能完成电费的缴纳。

(2)在附近地段找到公司驻当地的办公室。PG&E公司设立了75个驻地办公室，现金、支票、汇兑或者银行开出的支票都能完成电费的缴纳。

2.2.2 东京电力(TEPCO)公司缴费方式

1. 账户转账缴纳

通过此缴费方式，公司将自动从顾客的银行或者邮局账户上收取电费。顾客可以到自己账户所属的银行或邮局办理此业务(公司将给希望申请的顾客邮寄申请书)。

2. 缴费单缴纳

公司将给顾客邮寄如下的缴费单，顾客可以使用此缴费单到以下的地点缴纳电费。

(1)附近的邮局；

(2)附近的银行或者可以代收电费的便利商店。

3. 信用卡支付

这种缴费方式是指每个月的电费先由信用卡公司替客户垫付并交到东京电力公司，然后再由信用卡公司向客户收取所垫付的费用的收费方式。顾客只需要向最近的东京电力公司驻地办公室提出申请，公司就会给顾客寄上《用信用卡支付电费的申请书》。顾客在填写必填项目并盖章后寄回给电力公司。另外，顾客到指定的信用卡公司及就近的东京电力公司服务窗口也可以申请此项服务。填写必填的项目时，必须在《用电量通知书》上盖确认章。

2.3　中国香港、台湾地区的电费缴费方式

2.3.1　香港地区电费缴费方式

香港的电力主要由香港电灯公司（港灯集团）和中华电力公司（中电集团）两家电力企业供应。两者实力相当，各据一方，香港电灯公司负责港岛的电力供应，中华电力公司的经营范围在九龙新界。港灯的历史较中电长，但是港灯是一家公众性股份公司，而中电是家族性公司。港灯和中电的缴费方式主要有：

1. 自动转账

电力用户成功申请自动转账服务后，每月的应缴电费将自动在客户的银行户口或信用卡户口中扣除。自动转账主要有下面几种方式：

(1)通过储蓄或往来户口。客户只需在香港任何一间银行开有储蓄或往来户口，填好直接付款授权书并交回电力公司客户中心，便可利用自动转账缴交电费。

(2)电话开通。住宅客户持有部分银行（汇丰银行、恒生银行或渣打银行）账号的可以用电话办理自动转账授权手续。

(3)通过银行信用卡（只适用于住宅客户）。持有相关银行信用卡的住宅客户填好信用卡自动转账服务授权书并交回客户中心，即可利用信用卡自动转账服务缴交电费。

(4)通过美国运通卡。持有美国运通卡的客户填妥美国运通卡自动转账申请表格并交回美国运通便可利用自动转账服务缴交电费。

2. 缴费灵

缴费灵是由易办事(香港)有限公司及电讯盈科旗下的香港电话有限公司联合提供的24小时免费缴费服务。透过音频电话或互联网随时随地支付各类账单。用户只需带银行卡到附近的“缴费灵”终端机登记为“缴费灵”用户,“缴费灵”用户就可通过拨打音频电话缴交电费。

3. 银行自动柜员机(ATM)

用户可以通过与电力公司签约金融机构的自动提款机,转账扣缴电费,扣款后电力公司将另行印刷寄送收据。

4. 网上缴费

(1)已登记成为“缴费灵”用户及已设定“缴费灵”网上口令的客户可使用“缴费灵”网上服务缴费(http://www.ppshk.com/)。

(2)已登记银行“网上理财”服务的客户,可通过各家银行提供的网上银行服务缴费。

5. 亲身缴付

(1)直接前往中区缴费处或客户中心以现金、支票或美国运通卡付款。

(2)到邮政局(流动邮政局除外)——以现金或支票付款。

(3)在7-Eleven、OK便利店等24小时便利店以现金付款,每次缴费上限为＄5 000。

6. 邮寄支票

客户可将电费单存根连同支票邮寄缴费。

7. 小额账单延拨

为使顾客缴费更加方便,香港中电集团推出免费的小额账单延拨服务。总金额一百元或以下之账单将自动延拨至下期账单。不过,此服务只适用于住宅及普通非住宅客户以及非自动转账服务的客户。

2.3.2 台湾地区电费缴费方式

台湾电力公司(以下简称台电)是台湾最大的电力供应企业。

该公司长期垄断了台湾电力事业，尽管近年来台湾开放民营企业建立发电厂，但实力与规模远不能与台电公司相比。台电总用户数超过 1 000 万户，除金门、马祖区营业处、离岛及少数偏远地区约 5 万余户，仍维持派员到户收费外，其余营业区域已全部实施不到户收费措施。实施不到户收费地区，台电提供下列多元收费服务措施：

1. 用户委托金融机构及邮局代缴电费

(1)由各金融机构的用户存款转账代缴电费。

(2)由用户邮政存簿或划拨账户转账代缴电费。

(3)由用户信用卡转账代缴电费。

(4)公司行号透过单一存款账户转账集中代缴其各分支单位电费。

2. 金融机构及邮局代收电费(适用于低压用电户)

(1)至各金融机构及邮局柜台缴付电费。

(2)利用金融机构电话语音转账代收电费。

(3)上网至台电网站连接至网络银行，自用户存款账户扣缴电费。

(4)利用邮局及中国信托银行的自动提款机(ATM)，自用户于各金融机构或邮局的存款账户扣缴电费。

3. 连锁便利商店代收电费

用户至 24 小时全年无休的便利商店缴付电费。

4. 中油加油站代收电费

用户至中油公司各地加油站缴付电费。

5. 台电各服务单位收费

(1)用户至台电各服务中心或服务所柜台缴付电费，可跨区缴费(例如高雄地区用户电费可于台北之台电服务单位缴费)。

(2)用户邮寄票据或现金缴付电费。

(3)用户视需要，向台电各服务单位预先缴付电费。

(4)政府机关经由财政部门或省市集中支付处以汇款方式缴付电费。

2.4 国外及我国港台地区电费收缴方式特点分析

2.4.1 信息化程度较高

发达国家金融业早在20世纪50年代就引入了计算机设备处理其具体业务以提高工作效率、改善服务水平并创新出了不少新的金融产品。因此,发达国家银行的设备先进、功能齐全、自动化程度高、安全保密性强。政府、企业和社区的计算机和网络的应用及普及程度都相对较高,网上银行、电话银行的应用较为普及。

西方国家金融信息化的速度适应于社会信息化的速度,人们对于信息化新产品的接受能力是很强的。这有利于新业务的推广普及,也方便客户的生活。客户在家可以利用电话银行、网上银行等缴纳电费,刚出门可以在社区便利店缴费,上街可以在ATM机及银行柜台缴费,到电力企业服务中心办事时也可以顺带缴费,甚至于开车经过加油站都可以缴费。

2.4.2 缴费方式自动化程度高

国外及我国港台地区金融业高度发达,各种金融服务机构协同共享利用软、硬件设施的能力较强,同时电力企业积极主动实现缴费网络系统与银行网络系统对接,所以缴费业务管理自动化达到了较高的水平。由于电话银行已经推广很久,并且大部分公共事业缴费都可以直接通过电话操作完成,所以大部分家庭对电话银行的操作比较熟悉。既然能够在家里完成缴费,自然不会跑大老远到营业厅缴费。除了电话银行,银行信用卡转账、ATM柜员机等可供选择的自动缴费方式都已经比较成熟,居民客户选择的余地较大。

由于人力资源成本较高,选择缴费的自动化既方便了客户也会降低企业经营风险。电力企业的营业厅(服务中心)主要功能是处理客户申请新供电、申请账户转名、特别读表服务等经营业务,缴费只是营业厅附属功能之一。而人工走收电费更多的是因为用户处于自动化缴费方式很少覆盖的偏远地区或出于老人、残疾人等缴费不太方便的考虑。例如，美国 PG&E 公司对于上门收取电费是需要额外支付费用的，一名授权代表前往顾客的住所去收缴逾期费用或保证金， PG&E 将向顾客收取 10 美元的到府收费费用。

2.4.3　个人支票支付比较普及

个人支票支付方式在国外及我国港台地区比较普及。与其他支付手段相比，个人支票有其显着的特点，如即签即付，不受商户硬件条件限制，也无须找零；可以用于支付现金、用于转账，也可背书转让给第三人；个人支票结算账户存款还可以按活期储蓄存款利率计算利息。个人支票在国外是一项基本业务，即使是普通老百姓也经常使用个人支票来支付税款、水电费等日常支出。

因为具备完备的社会信用体系，支票在国外及我国港台地区是一种典型的小额支付工具，个人支票普及使用，用个人支票来支付各种费用显得简单、可靠，收到缴费单位的催缴单后，连同个人支票寄回这种方式仍然是现在发达国家缴付各种费用的主要方式之一。

2.4.4　强调客户为中心的服务理念

为客户提供优质服务，这一点在电力企业的电费缴纳方式中也有体现，并且很多服务也非常人性化。美国 PG&E 的缴费第三方通知服务就在客户忘记缴费后，为确保他们所获的服务不会因此受阻，PG&E 会设法通知顾客指定的一位第三方。第三方无须负责缴费，但 PG&E 可以透过这个第三方提醒欠费客户，尽快与 PG&E 联络，解决付费问题。香港港灯集团为有需要的客户提供特别服务，包括短信查询服务、加大字体电费单及用电小册子、电子电费单及用电资料简介、客户服务指南语音光盘及录音带、为依靠仪器维持生命的客户安排登记及设于客户中心的特别设施，如为听觉障碍人士而设的电感圈系统等。香港中电集团为非自动转账的住宅客户提供100元以下小额账单免费延拨至下期账单。

2.4.5 关注社会责任

国外及我国港台地区企业比较注意企业形象，尤其是社会责任方面。国外及我国港台的电力企业比较注重向客户推广电子账单，倡导环保，减少大量邮寄纸制账单所带来的资源浪费。香港中电集团呼吁电力客户支持电费余数捐公益计划，希望客户同意授权电力企业在电费结算时将每月的电费单折合齐头数至最接近的1元、5元或10元，把余数捐助公益金，为不幸及有需要的人士，不论老幼，提供医疗、康复、特殊训练以及多种其他设施。香港港灯集团向长者、残疾人士、单亲家庭及失业等4种人士提供电费优惠，以关怀社会上有需要的人士。

2.5 国内外电费收缴方式的发展趋势

2.5.1 由面对面缴费向自助缴费发展

随着信息技术的发展，营业柜台或到户走收式的人与人面对面的电费收缴方式，正逐渐向客户自助的缴费方式发展。用电客户可以通过自助终端设备、电话银行、手机银行、网络、电费充值卡等多种方式实现自助缴费。自助缴费方式使客户缴费不必受到时间、空间的限制，节省了客户个人的缴费成本，是供电公司拓展缴费方式、提供优质服务的方式。在人力资源成本不断提高的今天，这一发展趋势也将节省供电公司的人工成本。

2.5.2 由现金支付方式向非现金支付方式转变

非现金支付依托于金融业的发展。国外及我国港台地区金融业高度发达，我国的金融业虽然不及国外及我国港台地区，但近几年的发展也比较快。这为电费缴纳由现金方式向非现金方式的转变提供了条件。电话银行、手机银行、网上缴费等自助缴费方式最终都是客户通过对自己银行账户的操作实现的。供电公司营业厅、邮局、社会化代收点、临时收费点等收费网点不但收取现金电费,也可以为客户提供刷卡收费的服务。银行柜台代收现金电费的方式也在逐步向银行折(卡)代扣的方式转变。现金支付方式向非现金支付方式的转变,是经济发展与社会进步的体现,也是必然的趋势,因此,以非现金方式支付电费,将成为今后缴纳电费的一种较为普遍的现象。

2.5.3　公共事业缴费平台逐步发展

公共事业缴费平台是集水、电、燃气,固话、宽带、手机费等多项公共事业收费为一体的缴费平台,是一种“政府＋公共事业单位＋第三方代理缴费服务企业＋银行”的联盟模式,是政府优化“缴费”和“收费”环境,提高公共服务水平的方式。公共事业缴费平台为居民提供电话缴费、网上缴费、多媒体终端缴费等多种缴费渠道,用以方便居民不同的缴费需求。目前,国内实施的比较成熟的公共事业缴费平台有香港的“缴费灵”和上海的“付费通”。此外,北京有“数字北京缴费通”的平台,其他城市也都在发展一些缴费平台,这些公共事业缴费平台的功能都在不断完善之中。公共事业缴费平台同样是经济、信息技术、金融业发展的结果,是政府服务于人民的体现,也是城市公共服务体系共享资源,节约社会成本的体现,这是包括电力在内的公共事业缴费方式发展的趋势。

2.5.4　收费网点进入社区

在市场经济环境下,强调以客户为中心的服务理念,收费网点的设置越来越趋近于社区。供电公司选择银行和邮局作为代收电费的机构,本身就是因为这些机构的网点分布广泛。社会化电费代收点(这里指提供电子商务综合服务平台的第三方企业)在设置网点的时候,会选择居民社区内或附近。国内代收电费的超市,或销售电费充值卡的小卖店、书报亭也是在社区内或附近。供电公司的移动服务车可以直接开进社区为居民提供服务，其临时收费点也同样会设置在居民社区，或社区附近的超市、商场。我国部分地区的公共事业缴费平台的多媒体终端也都设置在社区内或附近。在香港地区，随处可见的 7 - Eleven、OK 便利店等 24 小时便利店都代收电费。在台湾地区，除了 24 小时全年无休便利店，中油公司各地加油站也都代收电费。这些都体现着收费网点进社区的趋势，也体现了供电公司的服务向着为客户提供更多方便的方向发展。

2.5.5 由赊销向预购制转变

长期以来，人们习惯于“先用电，后交费”的电力产品消费模式，加上我国的信用体系不够发达，造成了困扰电力企业的电费回收难的问题。同时，由于我国的电力企业承担着较大的社会责任，其对于欠费企业的停限电措施经常会遭遇阻力，无法实施。因此，电费收缴方式的改革，是解决电费回收难问题的方法之一。由“先用电，后交费”的赊销，向“先买电，后用电”的预购制转变是国内特有的电费收缴方式的发展趋势。对于低压居民用电户，主要通过在每户装 IC 卡电表实现预购电管理。对于高压用电户，供电公司通过与其签订购电协议，并在用户端装入负荷控制开关，利用电力负荷管理系统通过负荷管理终端的预付费购电功能实现管理。采用预购制收缴电费，不但能有效地防止电费回收风险，还可以提前收取电费资金，对于加强客户的缴费意识，提高供电公司的经济效益有着重要的意义。国内很多发达地区和城市已经采用 IC 卡购电缴费方式，及负荷控制预购电缴费方式，并且取得了良好的应用效果。由赊销向预购制的转变是对电力产品消费习惯的转变，这种转变将会逐渐为人们所接受。

2.6　本章小结

本章首先对国内现有交费方式进行了归纳、整理、分析，研究了每种缴费方式的内涵、特点及适用范围；然后对世界主要国家及中国香港、台湾地区的电费缴费方式进行了介绍，并分析了国外及我国港台地区先进缴费方式的经验启示。

第3章　电力客户细分方法研究及价值评价指标体系构建

客户细分是指将一个很大的消费群体划分成一个个细分群的动作，同属一个细分群的客户彼此相似，而隶属于不同细分群的客户是被视为不同的。客户细分将考虑不同的数据因素。第2章对电费缴费方式的研究说明不同缴费方式各有其特点，并适用不同类型的电力客户群体。本章将进行电力客户的细分研究，具体步骤如下：

(1)回顾客户细分理论的产生背景及客户细分的方法。

(2)选择电力客户细分方法，分析电力客户的细分变量并将细分变量进行多维组合，对电力客户的细分从理论上进行研究。

(3)从客户价值的角度建立电力客户价值评价指标体系，对法人客户价值进行评价。

3.1　客户细分理论概述

3.1.1　客户细分的产生

客户细分(Customer Segmentation)是20世纪50年代中期由美国学者温德尔·史密斯(1956)提出的，主要是指企业在明确的战略、业务模式和专注市场中根据客户的价值、需求和偏好等综合因素对于客户进行分类，对不同的客户群提供具有针对性的产品、服务和营销模式。经过若干年的发展，客户细分的理论和方法不断完善，而且被广泛地应用于营销实践。客户细分理论的提出和应用是具有一定客观基础的，它是商品经济发展和市场竞争日益激烈的产物。其理论依据主要有两个：

(1)客户需求的异质性。也就是说，并不是所有的客户需求都是相同的，只要存在两个以上的客户，需求就会不同。由于客户需求、欲望及购买行为是多元的，所以客户在购买产品和使用服务上的需求呈现较大的差异。客户需求的异质性是进行客户细分的内在依据。

(2)企业资源的有限性和为了进行有效的市场竞争。现代企业由于受到自身实力的限制，不可能提供满足所有顾客需求的产品和服务。任何一个企业即便是处于市场领先地位也不可能在整个营销过程中占绝对优势。为了进行有效的竞争，企业必须进行客户细分，选择最有利可图的目标客户群体，集中企业资源，制定有效的竞争策略，来增强自己的竞争优势。所以企业资源的有限性和为了进行有效的市场竞争是进行客户细分的外在要求。

3.1.2　客户细分的概念

良好的客户关系是企业求得生存与发展的重要资源。企业为获得满意的客户关系，重要的思路是通过实施客户关系管理来实现(郭立宏，张海兰，2008)。所谓客户细分，就是企业在收集和整理客户信息资料的基础上，依据客户(包括消费者和分销商)的需求特点、购买行为、购买习惯、信誉状况等方面的明显差异，把某一产品的客户整体划分为若干个客户群的客户分类过程。这样每一细分客户群均为在某一方面具有类似特点的客户构成的群体，分属不同细分客户群的客户具有明显的差异性。客户细分的前提是客户特点的多样性，只有企业客户之间存在差异性，才有可能和必要对客户进行细分。客户细分的基础是对客户的信息和资料进行收集和整理，通过比较找出他们之间的差异，然后对其进行分类。通过客户细分，企业可以更好地识别不同的客户群体，对客户区别对待，采取不同的市场战略，达到最优化配置客户资源的目的（任继如，2008）。

客户细分是相对的，也就是说，把一群具有不同特点的客户划分成若干具有相对共同点的客户。在同一细分客户群里的客户不一定是完全一样的，他们有可能在某一方面是一样的，也可能是在某一方面的特点非常相近。另外，随着时间的推移，客户的特点有可能是变化的，客户细分并不是一成不变的，企业应该随时关注客户的变化，对其客户细分策略进行调整。客户细分并不一定意味着把某一客户整体加以分解，在实际运用过程中，更多的是一个聚集的过程，也就是企业根据实际需要，选择细分依据，然后把那些在这一方面具有共同特点的客户聚合成群。在聚集过程中，细分依据（也叫细分变量）可以是一个，可能是多个，这要根据实际需要而定。

3.1.3 客户细分的方法

从文献研究来看，目前国际国内的客户细分研究基本围绕着人口统计、行为、心理（其中心理细分包括生活方式细分和利益细分）、价值等变量进行。研究纬度也从一维到多维，研究工具也有统计分析到数据挖掘技术。

1. 人口统计细分(Demographics Segmentation)

最先的人口统计细分是将地理作为一个重要的细分维度，然而市场的全国化、全球化以及信息技术的迅猛发展逐渐削弱了客户与地理特征的关联性。随后出现了一种以客户生命阶段(Life Stage)为维度内涵的细分方法，相应地基于人口统计的细分就转化为对客户生命阶段的划分。在实践中有如下两种成熟的方法(Soper, Suzanne,2002)：首先是 People UK 方法，它将客户的生命历程分为 8 个发展阶段，每阶段中又分为数量不等的子阶段，总计有 46 类；其次就是 Claritas 公司开发的 Prizm 方法，它将所有位于 16 个大客户群中的客户分成 60 个不同的组，覆盖生活方式、4 个生命阶段和 4 种收入层次，此时人口统计细分的维度的重心开始向生活方式偏移。

2. 生活方式细分(Lifestyle Segmentation)

Lazer(1963)首先提出以生活方式为背景来识别和细分客户(Lazer, William, 1963)，但是并没有对其内涵做出规范，直到 Wells 和 Tiger(1971)提出用 AIO，即活动(Activity)、兴趣(Interests)和评价(Opinion)，来表达生活方式(Wells, William, 1971)。随后 Plummer(1974)利用人口统计特点(教育程度、居住环境、收入、生活阶层)来丰富生活方式(Plummer, Joseph T, 1974)，至此，维度内涵扩展成四维。生活形态细分代表性研究工具有两种：客户活动、兴趣和意见法(Activity Interest Opinion, AIO)和价值观念和生活方式结构法(Value and Life Styles, VALS)。它把不同类型客户的行为差异与其个性、社会心理特征联系起来，在一定程度上弥补了以往因选用单一细分标准而导致对各类客户心理和行为描述不全面的缺陷，所以它目前在理论界和实业界得到广泛应用，成为消费者细分研究的主流。

3. 行为细分(Behavior Segmentation)

一种基于预测的理论使得人们将注意力放在依据客户以往和现在的行为来预测将来的行为，出现了一种以行为模式数据为基础、以信息技术为支撑的细分方法。其功能的实现是通过分析数据库中已有客户的消费行为模式来将客户分类。

(1)RFM 分析。Hughes A. (1994)提出的 RFM 分析是以三个行为变量来描述和区分客户(Hughes, 1994)。R(Recency)指上次购买至现在的时间间隔，F(Frequency)为某一期间内购买的次数，M(Monetary)是某一期间内购买的金额。RFM 分析针对每个客户的每个指标打分，然后计算三个指标的乘积，再按这个结果排序，在此基础上将所有的客户按照 20%，60%，20%分类，最后对不同类型的客户实施不同的策略。RFM 分析的因素都是行为方面的，这些信息对于拥有数据库的公司来说比较容易获得，然而其分析过程复杂，需要耗费很多时间，而且细分结果中客户群过多。另外，购买次数 F 和同期总购买额 M 两个变量之间会存在多重共线性。

(2) 客户价值矩阵(Customer Value Matrix)。为了回避 RFM 分析的缺点，Marcus(1998)提出用购买次数 F 与平均购买额 A 构造二维的客户价值矩阵模型来修正 RFM 方法(Marcus, C1998)。该矩阵需要的信息包括客户代码、购买日期、日购买额。购买次数由不同购买日期的数目来确定，平均购买额等于在指定时间间隔内总购买额(日购买额的总和)与购买次数的比值。最终所有客户都分散在事先确定的二维矩阵的四个象限中，针对每一个客户群或跨越客户群产生不同的营销战略或战术。该方法还可以与各种人口统计信息结合使用。

4. 利益细分(Benefit Segmentation)

利益细分最先由 Haley(1963)提出，它利用具有因果关系的因素而不是描述性的因素来识别市场(Halcy, Russell. I, 1968)，其区别于传统细分方法的优势就在于它透过客户表象的行为、态度和动机来挖掘背后的真正利益。利益是一个比较复杂的概念，在具体的市场中，它可能是客户偏好的一种产品特征、服务方式或其他任何与产品或服务相关的环节。后来，Haley 将客户所持有的态度融入到利益的内涵中。Young 和 Feigin (Young, S, Feigin, B, 1975)考虑到人们具有逻辑性的心理结构，认为人们的情感和心理活动是真正影响消费行为和动机的内核，提出利用利益链解释人们的购买行为和态度，这一点与 Haley 将利益限制在产品特征属性的做法有着本质的区别。

Botschen 等(Rik Pietersa, Guenther Botschenb, 1999)使用手段—目的(Means-end)方法进一步区分了产品的、服务的各种

抽象的特征，并首次将利益特征的层次进行了界定。利益细分不仅在维度内涵上具有弹性，细分技术也相当丰富，诸如拟合分析、因素分析、聚类分析、人工神经网络等，是实践中应用最广泛也最有效的一种方法(刘英姿，吴昊，2006)。

5. 客户价值细分(Customer Value Segmentation)

客户价值细分是在研究客户生命周期(CLP)模式的基础上提出的。价值细分可以根据当前赢利能力和未来赢利能力的不同来细分市场；也可以根据客户终身价值细分市场。

张国方，金国栋(2007)以客户价值为核心，提出并研究了客户相对价值细分理论、客户价值生涯周期形态细分理论。黄亦潇(2007)等人提出以客户生命周期、客户发展潜力两维指标进行细分的模型。邬金涛，赵汴(2007)提出客户终身价值是客户在与企业关系保持期间贡献给企业所有利润的贴现值，它包括客户的当前价值、未来价值、经济价值、非经济价值，并根据终身价值的大小和类别，对客户进行二维交叉细分。

在客户价值的分布模型中，存在着一个“价值集中”现象。“价值集中”是指最有价值的客户在总组合中所占的比例较小，即相对较小的客户百分比却常常占总利润中不成比例的份额，这就是所谓的 80/20 原则或帕雷托定律(王轶华，2007)。许多企业实践证明 80%的利润是由 20%的客户创造的(吴坤，2007)。当然，这一数字并不是绝对的，对不同的行业中不同的企业可能有所差别，但它大体反映出实践中的一个规律。

客户价值评价的目的就是细分客户群，而不是仅仅得到一个具体数值。客户分类是对客户进行差别化管理的依据，目前，企业根据客户价值对客户的分类主要有以下几种方法：

(1)ABC 分类法。ABC 分类法是一种最常用、最简洁的方法，其原理是按照过去的交易实绩的多少将客户分成 A，B，C 三个等级(见图 3－1)。企业将客户按照交易额由大到小列出，取占全部交易额的80%的前面客户定为企业的A级客户，在A级以下累积占全部交易额95%的客户属于B级客户，其余占交易额5%的客户属于C级。客户被直观地分为A，B，C三类，他们对于企业而言客户价值相差甚远，客户管理的要点就是优先发展A类客户，保持或缩减B类客户，抛弃C类客户。运用ABC分类法的缺陷就是只考虑客户当前给企业带来的利润总额，而没有考虑客户价值的动态性，没有区分本企业经营中不同客户所带来的资金利润高低，以及客户成长情况。

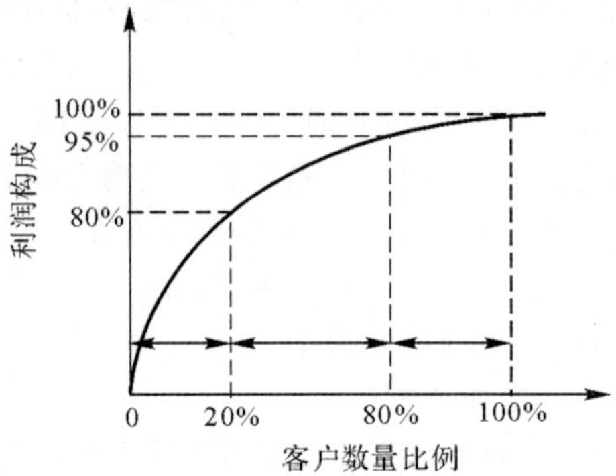

图3-1　ABC分类法

(2)根据客户的价值和其占企业总客户的比例分类(见图3-2)。

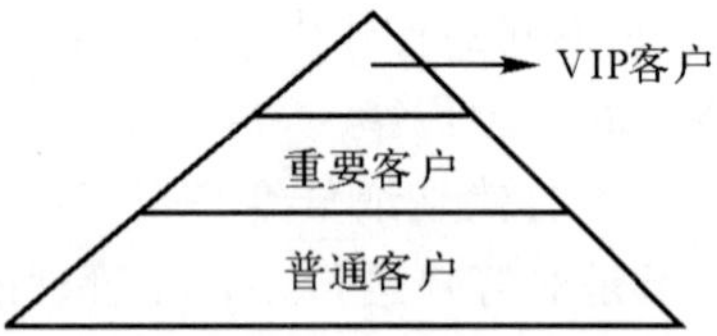

图3-2　顾客价值金字塔模型

1)VIP客户：这些客户数量不多，但是购买金额在企业销售额中占有的比例很大，对企业贡献的价值最大。

2)重要客户:指的是除去VIP客户后,消费金额所占比例较多,能为企业提供较高利润的客户。

3)普通客户:这些客户的消费额所占比例一般,能够为企业提供一定的利润。这类客户人数众多,但能够为企业提供的赢利却不多,甚至使企业不赢利或是亏本。

(3)Rust等(2001)综合运用客户终身价值、心理因素和使用频率等细分变量将客户分为铂金、黄金、钢铁和重铅等4层。他们认为,铂金层级的客户代表那些赢利能力最强的客户,典型的是产品的大量使用者,他们对价格并不十分敏感,愿意花钱购买,愿意试用新产品,对企业比较忠诚。黄金层级的客户希望价格折扣,没有铂金层级客户那么忠诚,所以他们的赢利能力也没有铂金层级客户那么高,他们也许是大量使用者,也许是中度使用者,他们往往与多家企业而不是一家企业做生意,以降低他们自身的风险。钢铁层级的客户数量很大,能消化企业的产能,但他们的消费支出水平、忠诚度、赢利能力不值得企业去特殊对待。重铅层级的客户不能给企业带来赢利,他们的要求很多,超过了他们的消费支出水平和赢利能力对应的要求,有时他们是问题客户,向他人抱怨,消耗企业的资源。

类似这种分法的还有客户忠诚度与信用等级结合的分类方法,客户忠诚度与客户规模结合的分类方法。

(4)陈明亮(2001)将客户从当前价值和增值潜力两个维度将客户分为4组,如图3-3所示。

这里当前价值指如果将客户关系维持在现有水平上可望从客户获得的未来总利润。具体计算:最近一个时间单元(月/季/年)的客户利润乘以客户生命周期长度,再乘以总的周期折现率。增值潜力是假定通过合适的客户保持策略使客户购买行为模式向着有利于增大企业利润发展时,可望为企业增加的利润现值。它取决于客户的增量购买、交叉购买和推荐新客户的可能性和大小。

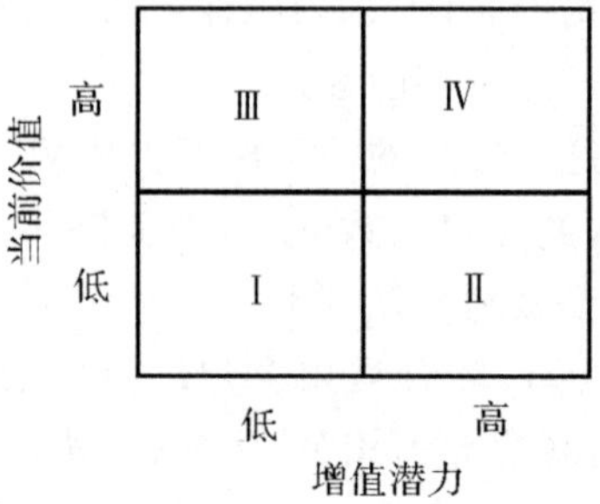

图 3-3　客户分类矩阵

对于客户价值矩阵中的 4 类客户，相应的资源配置策略与客户保持策略见表 3-1。

表 3-1　4 类客户的资源配置和保持策略

客户类型	客户价值	资源配置策略	客户保持策略
I	低当前价值、低客户增值潜力	不投入	关系解除
II	低当前价值、高客户增值潜力	适当投入	关系再造
III	高当前价值、低客户增值潜力	重点投入	高水平关系保持
IV	高当前价值、高客户增值潜力	重中之重投入	不遗余力保持

这种客户分类方法，由于对客户价值细分的两个维度即客户当前价值和客户增值潜力的测算都是以客户关系稳定为基本前提的，然而现实的客户关系是复杂多变的，绝对的稳定是不存在的。

3.2　电力客户细分方法

近些年来，关于电力客户细分也有许多相关的研究。通过对文献的整理和调研，总结出现有的比较普遍的电力客户细分方法。而这些细分方法也是根据上述按人口、行为细分的方法以及客户价值并结合电力客户的特点得到的。

3.2.1　按电力客户特点细分

电力客户一般分为居民客户和法人客户。居民客户指为满足生活需要而购买电力和服务的一切个人和家庭，包括城镇居民用户和农村居民用户；法人客户指用电力来进行生产、工作、经营的各类单位和团体，包括生产经营厂家、政府机构、学校、军队、医院、科研单位等(杨勇，2004)。

1. 居民客户的特点

(1)用电量相对较少，但随经济发展和人民生活水平的提高，各种家用电器的普及，用电需求增长潜力很大。

(2)用户数量很多，城镇用户相对集中，农村较为分散，电力主要用于照明、家电等生活用电，用电行为差别不大。

(3)居民用户的用电需求具有多层次性和可诱导性。多层次性指不同用户在支付能力和客观条件的限制下，对电的需要程度不一样，可依需求的轻重缓急，有序地实现。可诱导性指用户的电力需求可在本能和外界制度诱导下产生或抑制。

针对居民客户的特点，电力公司应着重从下文所述的区域和缴费方式细分两个方面入手，尽可能地提供居民乐意接受的多样化缴费方式，并能根据各个区域用电情况，优化缴费网点的分布。

2. 法人客户的特点

(1)用电量大，我国电能的 80％是由产业用户购买的。

(2)法人用户种类多，用电类别多，涉及国家的产业政策，在电价上有所区分。

(3)法人用户受社会大市场的制约与影响，受整个经济的繁荣与衰退的影响。

(4)政府干预较多，尤其在有些产业用户交不起电费时，政府出于稳定或其他方面的考虑而进行干预。

(5)某些产业用户故意拖欠电费,越是重要的用户越明显。

根据法人客户用电规模大、种类多且情况复杂的特点,应对其进行更加精细和全面的细分并正确评价其客户价值,制定并实施相关的服务策略,进而达到科学的客户认知、风险管理、个性化营销和服务的要求。

3.2.2 按用户经济性质细分

按用户经济性质,可分为国有、集体、私营、合资、独资以及其他 6 类。

3.2.3 按照供电区域细分

电力市场有比较明显的区域特点,供电区域和客户的坐落区域基本吻合。把坐落在同一区域的客户作为自己的子市场也是一种简单的细分方法。但是,这种单一维度的细分不利于发现用户的特殊需求,也不利于更深层次地开发目标市场。所以电力公司有必要对电力客户进一步分析,重点结合客户规模和性质细分,挖掘不同区域下具有不同的用电特性。不同区域应该针对自身区域的特点,实行不同的服务策略,以最大程度地满足用户需求,达到优质服务的目的。

3.2.4 按照客户规模细分

客户规模是细分电力市场的重要标准。按照客户的规模细分,就是把客户用电量的大小,设备的规模,电压等级的高低作为依据,找出客户的需求动态、购买实力,发现客户的需求潜力。

1.按用电量细分

按用电量大小,可以把用户分为大用电量客户和一般用电量客户。按售电量多少排名,由高到低累计达到总售电量 80%的用户为大用电量客户;其他为一般用电量客户。另外,受电变压器容量在315kV·A以上的都视为大用电量客户。大用电量客户也就是供电企业的大客户。对于这部分客户,电力企业应予以重视,认真分析客户需求并采取相应措施满足用户需求。与此同时,为了调整负荷,避免高峰负荷过大,低谷电力浪费,还要积极鼓励大用户多用低谷电力。

通过对客户长期历史用电数据的分析,可判断企业的当前经营状况,并预测其用电量的走势,对供电企业电力需求的管理具有参考意义。同时,在大客户管理方面,原来的大客户可能因为生产运营或产业政策等方面的原因,导致用电量逐年减少,从而被列入一般用电量客户范围内,而原来的一般用电量客户可能因为上述原因使其用电量逐年剧增,从而跃居到大用电量客户行列之中。因此,电力客户的用电量富含许多有待供电企业判读的潜在信息。

2.按客户类别细分

陕西省电力公司在收费系统里把客户分为小用户、利率户、月底户、零点户和考核表。此类从计费时间点为出发点的分类方式也从另一方面体现了用电单位的规模。

3.按需求量细分

这种分类可以把现时和预期需求量达到一定标准的用户归为高需求用户。例如,香港中电公司把需求量不少于300kV·A的用户归为高需求用户,其他用电容量在315kV·A以上的工业用户归为大宗用户。可以不分行业来划分大用户,直接按其需求量来划分。对于高需求用户还可以分为普通高需求用户和高压超高压需求用户。按不同的用户分别制定不同的电价,合理收费吸引用户。通过对客户基本信息表中的“运行容量”和“契约总容量”栏进行数据挖掘、趋势判断,可以基本达到对客户现时和预期需求量的判断。除此之外,供电企业有必要对企业用户的发展战略等相关信息进行了解,以便对客户进行准确的定位并提供相应的客户服务、采取合适的收费方式。比如原先需求量较小的研发部门可能因为产品研发的突破，决定引进大规模的生产线，使其需求量将在一段时间后产生跳跃式的增量。

4. 按电压等级细分

为了便于统计，把客户分为4类。按供电电压等级不同，客户分为110kV及以上、35kV、10kV三类，10kV又分为城近郊区客户和远郊区客户两个小类。

电压等级和供电方式的选择不仅牵涉电网建设的经济性和可靠性，而且对于整个电力工业的发展和用户的发展有重要的影响。尤其是改革开放以来经济飞速发展，地区负荷增长迅速，新建开发区的负荷密度饱和值可能会与周边地区的现状负荷密度存在较大差异(张弛，2007)。对应的，现阶段电网适合的电压等级和供电方式也可能有所不同。配电网电压等级和供电方式选择的重要性和必要性日益突出。所以从供电公司的角度出发，应该综合考虑电压等级、区域距离、用电量和需求量等因素，对用电量规模大、负荷重要性高的区域采用高压或者超高压送电，对用电规模小、负荷重要性小的区域采用低压送电。

3.2.5 按照客户性质细分

1. 按产业分类

按《国民经济行业用电分类》规定将用户分为第一产业、第二产业、第三产业用电。这种细分具有简单快捷的优点，指标清晰、分类方便，而且有相关的方法可以借鉴。第一产业是指农、林、牧、渔、水利业。第二产业是指工业(包括采矿业、制造业，电力、蒸汽及水的生产和供应业)，建筑业。第三产业指除了第一、二产业以外的其他行业。

以北京电力公司1996—2004年数据为例，如图3-4所示，该数据显示其各产业历年售电量变化如下：第一产业基本处于稳定状态，第二产业稳步增长，第三产业与城乡居民生活用电高速增长。电力公司应该充分利用营销系统的建设，在供电区域细分基础上，对产业用电进行深入细致的分析，维持第二产业的客户服务，挖掘第三产业中的潜在大客户，充分利用大客户服务的制度，制定并实行相关的服务策略，进而达到科学的客户认知、风险管理、个性化营销和服务的要求。

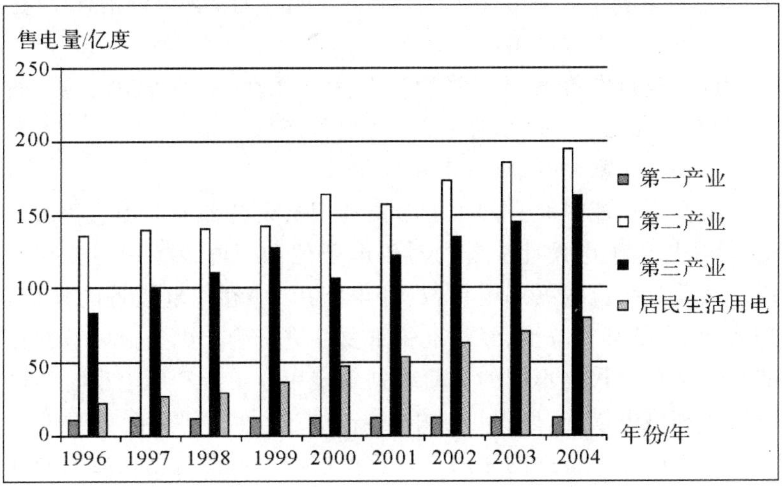

图3-4 北京电力公司各产业历年用电量变化对照图

2. 按行业分类

行业用电分类统计，目的是用于说明国民经济各行业用电情况和变化规律，反映国家电气化程度和发展趋势；分析研究国民经济增长与电力生产增长、社会产品增长与电力消耗增长的相互关系以及电力需求预测和编制国民经济计划、进行电力分配等的需要。

李珞新(2002)将电力客户按行业特点将其细分为：煤炭工业用电、钢铁工业用电、铝工业用电、石油工业用电、机械制造工业用电、建筑材料工业用电、轻工业用电、化学工业用电、农业用电、电气化铁路用电、市政公用设施用电。

按照国民经济行业用电分类办法将用户分为：农、林、牧、渔、水利业；工业；地质普查和勘探业；建筑业；交通运输、邮电通信业；商业、公共饮食、物资供销和仓储业；其他事业等，共 7 大类。

不同行业的企业用电特性存在很大差异，比如用电量、电压、电力稳定性等。不同行业的电力用户政策也不尽相同，电解铝、铁合金、电石、烧碱、水泥、钢铁等高能耗行业企业的用电量明显高于其他行业，并且利用效率相对较差，所以这些行业的平均电价相对较高。

3. 按用电类型分类

按照执行电价的不同将用户分为居民生活、非居民照明、商业、非普工业、大工业、农业生产、其他和趸售 8 类。

4. 按负荷重要性分类（用电可靠性）

由于不可能对所有的用电单位和用电设备都采取相同的供电措施，所以供配电设计应首先对用电单位和用电设备进行负荷分级。负荷分级应根据用电单位（即电能用户）和用电设备的规模、功能、性质及其在政治、经济上的重要性进行确定。负荷分级的目的和意义在于根据不同的负荷级别确定用电单位和用电设备的供电要求和供电措施，以保证供电系统的安全性、可靠性、先进性和合理性。国际上普遍的做法是将负荷按应急电源自动切换的允许中断供电时间划分为 0s，小于 0.15s、0.5s、15s 和大于 15s 五个级别，而我国则是沿用苏联的做法，按用电单位或用电设备突然中断供电所导致后果的危险性和严重程度分为一、二、三级。

5. 按照耗能程度分类

按现有国家标准，将用户分为高耗能与非高耗能企业。高耗能行业包括煤矿开采和洗选业，石油加工，炼焦及核燃料加工业，化学原料及化学制品制造业，非金属矿物制造业，黑色金属冶炼和压延加工业，电力、热力的生产和供应业，共有 6 类。

6. 按用电潜力分类

按照用电潜力，将用户分为高、中高、中、中低和低 5 类。

方法一：有增容意向的为正，有减容意向的为负，无增减容意向的为中，包括能源的替代。增容量较大的为高，一般为中高。减容量较大的为低，一般为中低。

方法二：售电量增长量排名最高的 X 名为高；排名 X 到 Y 的为中高。售电量减少量排名最高的 X 名为低；排名 X 到 Y 的为中低。其余为中。

此分类方法基于对用户基本信息表里的年用电量、契约总容量以及运行容量等栏目内多年数据的挖掘，以庞大的客户行为数据为基础，并结合客户用电规模和信用等级等细分标准，制定出不同的服务策略。如对用电规模小、信用等级低并且潜力也相对偏低的客户，电力公司就应该采取限制其用电规模、拉闸限电等措施；对用电规模大、信用等级高并且潜力大的客户就可以采用一些为保持或者提高客户满意度、建立良好客户关系的方法。

7. 按照信用等级细分

大客户被划分为 4 个信用等级：A 级、B 级、C 级与 D 级。其中 A 级客户是无任何违信记录的客户，其信用风险最小。B 级客户是有一定违信行为的客户，其信用风险较高。C 级客户的信用风险比 B 级客户高一个等级。D 级客户的信用风险最高。

同时，信用等级必须与客户规模以及客户性质等多个维度共同对客户价值进行评定。

例如，某客户属于 A 类信用等级，同时它所属产业政策导向性和企业目标达成统一，发展前景好，经营管理也比较完善，那么电力公司就应该保持供用电关系，继续提高客户满意度。由于这类客户信用较好，即使享受价格方面的优惠也并不能使缴费状况再有很大的提高，而且客户用电量大，考虑到电力企业的经营费用，不宜采取价格策略来对其实行授信。那么对待这类客户最好采用“以客户为中心”的优质服务策略。

若客户存在有价值的一面，也存在信用问题，对价格政策比较敏感，适当的价格优惠就能改变其缴费现状。对待这类客户的原则是:引导其按时缴费,补缴陈旧电费,提高企业信誉水平。那么最有效的方法是采用价格优惠策略。

若客户一定程度上占用了电力企业的资金成本,阻碍了电力企业的发展。对待这类客户的目标是:尽快回收陈欠电费,严格规范这类企业的用电,维护电力企业的利益,减少电力企业的损失。

若客户虽然所占比重不大,但通常欠费规模巨大,对供电公司的生产运营构成严重威胁。因此,在激励措施不见成效的情况下,应该果断地对其采取惩罚措施。可以参考的措施有:

(1)增加信用复审频率,严密监视其信用行为;

(2)缩短交纳电费的期限;

(3)在允许的范围内,加大收取违约金的百分比;

(4)在公开渠道上对其进行曝光,给其造成舆论压力;

(5)拉闸限电;

(6)实行电费债转股的运作模式;

(7)适当采用法律手段,供电公司依据《电力法》《合同法》《破产法》等相关法律,合理利用自身的权利,追缴欠费。

3.2.6 按缴费方式细分

通过研究不同缴费方式的特点,识别不同缴费方式下客户群体的行为特征来提高客户满意度和个性化服务的要求。在本书第2章已进行详细论述,在此就不再赘述。

3.2.7 按供电方式细分

对于大用户的供电方式,可分为公网和专线两个类别。目前,国内发电厂向大用户直接供电主要有2种模式:点对点直供,即专线直供,指发电厂通过专线向大用户输送电能,不需要电网提供输电服务;过网直供,指直供双方无专线连接,电能的输送由电网公司承担,充分利用了电网的输电和联网功能。

专线直供模式的优势：专线直供能实现供需直接交流，打破电网经营企业独家垄断的格局，在参加直供的发电厂与大用户的小范围内实现了资源的优化配置。参与直供的发电企业和用户从直供中得到了实惠，倡导直供的地方政府从中找到推动本地区经济发展的捷径。另外，在具备直供条件的地区，发电厂直供可在一定时期、一定范围、一定程度上缓解自备电厂的盲目无序建设状况。

其缺点：给供电企业带来经营风险。当承担补贴的大用户去直购电力时，必然甩掉了承担补贴的责任，而接受补贴的大用户则没有积极性去选择发电商直购电力，这必将加大电网经营企业的经营风险。大用户与发电商建立直供关系是建立在双方可预知信用基础之上的，信用不好的大用户很难找到交易对象，于是电网经营公司用户群体的信用度将进一步下降，电费回收的风险和难度将进一步增加，电网公司的经营风险会进一步加大。

3.2.8　按计量方式细分

按计量方式不同，用户可分为受电和供电两个类别。受电用户指一般意义上的用电单位，不再将电力输送给下级。供电单位指用户得到电力公司提供的电力能源后自行将其输送给下级单位并自行向下级收取电费。

3.3　基于价值的电力客户细分

客户价值包括两方面的内容，一方面是企业提供给客户的价值，在这个领域的研究已经比较成熟。最有代表性的就是菲利普·科特勒提出的顾客让渡价值。所谓顾客让渡价值是指顾客总价值与顾客总成本之间的差额。顾客总价值是指客户从给定产品和服务中所期望得到的全部利益，它包括产品价值、服务价值、人员价值和形象价值。顾客总成本则是客户在购买商品或服务过程中耗费的货币、时间、精力和精神成本(菲利普·科特勒,1999)。从经济学的角度讲,企业为客户创造价值就是客户从企业提供的产品或服务中获得的价值。另一方面就是客户提供给企业的价值,在这方面的研究还不多见。本书所提到的客户价值就是客户对企业的价值。现在的客户关系管理过分强调企业怎样为客户提供个性化的服务,提高企业对客户的价值。实际上并非所有的客户对企业来说都是有价值的,越来越多的企业发现企业80%的利润是由20%的客户创造出来的。因此,通过客户价值评价指标体系的构建来找出并管理好这创造80%利润的20%的客户对企业的经营具有非常重要的意义。

为了对某供电局电力客户价值进行评价,本书首先归纳总结现有关于电力客户价值评价的研究,从理论上构建了某供电局客户价值评价指标体系;然后,通过企业实地调研修正了指标体系;接着,运用AHP法确定了指标体系权重;另外,采用极值法对指标进行了无量纲化处理;最后,结合某供电局实际业务系统中相关客户数据对客户进行评价。具体流程见表3-2。

表3-2 电力客户价值评价步骤

步骤	说明
第一步:指标体系的构建	查阅文献,选择评价电力客户价值的相关指标,建立评价指标体系
第二步:指标体系的修正	通过实地调研获取某供电局考察客户的指标,删除无实际意义的指标
第三步:指标的无量纲化	将所有指标通过极值法进行无量纲化处理
第四步:指标权重的确定	通过问卷调查确定某供电局电力客户价值评价指标体系的权重
第五步:客户价值评价	采集某供电局客户数据,进行无量纲化处理后,通过本指标体系来确定客户价值

3.3.1 电力客户价值评价指标体系的建立

参考现有的关于电力客户价值评价的研究(宫兴国,2001;王永华,2007;张鑫,2003),本书从当前价值和潜在价值这两个方面评价电力客户的价值,从理论上初步构建了电力客户价值评价指标体系。

当前价值是指在客户的经营状况和购买行为保持不变的情况下,客户对企业的价值大小。具体到电力企业,客户的当前价值主要从以下三个方面来衡量:购电情况、信用情况和经营情况。购电情况反映了用电客户的用电量和用电特性。用电量可以反映电力客户为电力企业带来的直接经济贡献,用电特性则间接反映电力客户的经济贡献。信用情况反映了电力客户电费缴纳情况。经营情况反映了企业经营规模、发展水平、获利能力,间接反映了电力客户电力购买水平。

潜在价值反映了客户的增值潜力,比如客户自身的发展或者增加与企业交易的数量、拓宽与企业交易的范围从而为企业带来的价值。电力客户的潜在价值可以从用电发展潜力和经营发展潜力来衡量。用电发展潜力主要是考察电力客户电力消费的发展趋势,给电力企业可能带来的长远价值。经营发展潜力反映了电力客户的成长可能带来的电力消费需求的增强,增加与供电企业交易的数量、拓宽与供电企业交易的范围从而为供电企业带来的价值。

结合以上的分析,电力客户价值受多种因素影响,通过归纳将其组织在一起,构成评价指标体系,见表 3-3。这个体系首先由几个因素组成,每个因素下又包含一批因子,形成一个多层次、相互联系密切的因素因子体系。为了有效评价电力客户价值,本书构建了 4 个层次的电力客户价值评价指标体系。该模型假设第一层是目标层,即电力客户价值;第二层是两个公因子层;第三层是影响因素层,包含以上5个影响电力客户的具体因素;第四层是指标层,包含5个影响因素中的28个细分因子。

表3-3 电力客户价值评价指标体系

一级指标	二级指标	三级指标	四级指标
电力客户价值	当前价值	购电状况	用电量
			电压等级
			用电负荷率
			平均电价
			功率因数
			契约总容量
		用电情况	低谷用电率
			运行容量
			用电可靠率
			用电线损率
			电能质量合格率
		信和状况	累计电费回收率
			当前电费欠费总额
			电费回收准时度
			合同履约率
		经营现状	总资产
			生产能力利用率
			总资产周转率
			经营净利率
			资产负债率

续表

一级指标	二级指标	三级指标	四级指标
电力客户价值	当前价值	经营现状	行业发展情况
			社会贡献度
	潜在价值	用电发展潜力	购电量增长率
			购电量增长量
			电费回收速率
		经营发展潜力	总资产增长率
			主营收入增长率
			产品市场占有率

每个指标具体的含义见表 3－4。

表 3－4　电力客户价值评价指标体系指标含义

指标层	说　明
购电量	客户购电量的大小
电压等级	电力系统及电力设备的额定电压级别系列
用电负荷率	某企业本期平均负荷与其历史最大负荷的比值
平均电价	电费总额除以总用电量
功率因数	有用功功率与总功率间的比率
契约总容量	电力用户与电业部门约定之用电容量
低谷用电率	电力客户在用电闲时的用电量占总用电量的比例
运行容量	电力用户实际运行使用的用电容量
用电可靠率	客户安全用电水平较高,发生用电事故的概率较小
用电线损率	电能传输中损耗电量之和占体系总供给电量的百分数

续 表

指标层	说　明
电能质量合格率	电力用户用电的电能质量合格率
累计电费回收率	实缴电费总额与应缴电费总额的比值
当前欠费总额	当前单位时间段内实缴电费总额与应缴电费总额的比值
电费回收准时度	电费准时回收的程度
合同履约率	客户在电力业务中履行电力合同的比率
总资产	客户的总资产
生产能力利用率	客户的实际产值除以设计生产能力
总资产周转率	用主营业务收入去除以期初资产与期末资产总额的均值
经营净利率	净利润与主营收入的比值
资产负债率	客户负债总额与资产总额的比率
行业发展情况	客户所在行业的当前发展状况及趋势
购电量增长率	客户购电增长电量占总用电量的比例
购电量增长量	客户购电增长电量
电费回收速率	合同规定的交电费期限越短,说明电费回收速率越高
总资产增长率	用上期总资产与本期总资产的差去除以上期总资产
主营收入增长率	客户主营业务收入增长的幅度
产品市场占有率	客户产品年销售数量占其所在行业该产品年销售数量比例

3.3.2　电力客户价值评价指标体系的修正

由于上述指标体系仅仅是对现有理论文献的整理、归纳、提炼,所以指标体系的修正主要包括两个方面的内容:第一部分是指标体系架构的修正;第二部分是指标的筛选,具体包括:删除指标体系中现实供电相关业务系统中无法提供数据支持的指标，剔除指标体系中重要程度相对较小的指标，增加遗漏的重要指标。

通过与某供电局相关业务人员座谈，我们完成了指标体系的修正工作。最终得到某供电局电力客户价值评价指标体系，具体见表 3-5。

表 3-5　修正后的电力客户价值评价指标体系

一级指标	二级指标	三级指标	四级指标
电力客户价值 A	当前价值 B_1	用电情况 C_1	用电量 C_{11}
			电压等级 C_{12}
			用电负荷率 C_{13}
			功率因数 C_{14}
			平均电价 C_{15}
			契约总容量 C_{16}
			低谷用电率 C_{17}
			运行容量 C_{18}
		信用状况 C_2	电费回收率 C_{21}
			当前欠费余额 C_{22}
			电费回收准时度 C_{23}
	潜在价值 B_2	用电发展潜力 C_3	电量增长率 C_{31}
			电量增长贡献率 C_{32}
			电费增长率 C_{33}
			电费增长贡献率 C_{34}

该指标体系的含义是：电力客户价值可以从当前价值和潜在价值进行评价。当前价值的影响因素体现在用电情况 C_1、信用情

况 C_2。潜在价值的影响因素主要体现在用电发展潜力 C_3。这些因素对电力客户价值具有显著影响。其中,用电情况 C_1 包含用电量 C_{11}、电压等级 C_{12}、用电负荷率 C_{13}、功率因数 C_{14}、平均电价 C_{15}、契约总容量 C_{16}、低谷用电率 C_{17}、运行容量 C_{18} 等8项因子;信用状况 C_2 包括累计电费回收率 C_{21}、当前欠费余额 C_{22}、电费回收准时度 C_{23} 等3项因子;用电发展潜力 C_3 包括电量增长率 C_{31}、电费增长贡献率 C_{32}、电费增长率 C_{33}、电费增长贡献率 C_{34} 等4项因子。具体指标的含义见表3-6。

表3-6　电力客户价值评价指标体系指标含义

指标层	说　明
用电量 C_{11}	客户购电量的大小
电压等级 C_{12}	电力系统及电力设备的额定电压级别系列
用电负荷率 C_{13}	某企业本期平均负荷与其历史最大负荷的比值
功率因数 C_{14}	有用功功率与总功率间的比率
平均电价 C_{15}	电费总额除以总用电量
契约总容量 C_{16}	电力用户与电业部门约定之用电容量
低谷用电率 C_{17}	电力客户在用电闲时的用电量占总用电量的比例
运行容量 C_{18}	电力用户实际运行使用的用电容量
电费回收率 C_{21}	应缴电费与实缴电费的比值
当前欠费余额 C_{22}	截至结算时点,客户电费账面余额
电费回收准时度 C_{23}	客户按时缴费次数占总结算次数的比例
电量增长率 C_{31}	用户增长的用电量占其用电量的比例
电量增长贡献率 C_{32}	用户增长的用电量占供电企业总增长电量的比例
电费增长率 C_{33}	用户电费增长量占其用电量的比例
电费增长贡献率 C_{34}	用户电费增长量占供电企业总增长电费的比例

3.3.3　指标的无量纲化

1. 用电情况 C_1

(1) 购电量 C_{11}。

$$购电量\ C_{11}=\frac{x}{q_{\max}},\quad 0\leqslant x\leqslant q_{\max} \tag{3.1}$$

其中，x 为某电力用户的购电量；$q_{\max}$ 为购电量最大的电力用户的用电量。

购电量是指客户购电量的大小，直接反映了电力客户相对于供电企业的经济价值。

(2) 电压等级 C_{12}。电压等级反映电力客户的用电规模，电压等级高，可降低供电企业的成本，即减少了供电企业变压的费用。各电压等级的评价值(a_i) 由供电企业根据自身的情况来评定为 a_1 ～1 之间的值，一般最高等级为 1。

$$电压等级\ C_{12}=\begin{cases}a_1, & u<b_1\\ a_i, & b_i\leqslant u<b_j\\ 1, & u\geqslant b_n\end{cases} \tag{3.2}$$

其中，u 为某电力客户的电压等级；a_i 为评分值；b_j 为某一电压等级。

(3) 用电负荷率 C_{13}。每个用电客户都有用电最大负荷，特别是大工业用户，供电企业必须了解其最大负荷，才能保证有效和正常的供电。随着负荷率的提高，单位成本下降，这是由于单位用电量增加后，供电企业固定成本分摊到每千瓦时电量的费用下降所致。

$$用电负荷率\ C_{13}=\frac{某电力客户本期平均负荷}{某电力客户历史最大负荷} \tag{3.3}$$

(4) 功率因数 C_{14}。

$$\text{功率 } C_{14}=\begin{cases}0, & x\leqslant p_1\\ \dfrac{x-p_1}{p_2-p_1}, & p_1<x<p_2\\ 1, & x\geqslant p_2\end{cases}\tag{3.4}$$

其中，x 为某企业的功率因数；p_2 和 p_1 为功率因数的上、下限。

功率因数对固定成本和变动成本有不同程度的影响，一个功率因数低的客户每千瓦时供电负荷所需占用的电气设备容量要比功率因数高的客户所需占用的电器设备容量大。对于变动成本，在消耗等量有功功率的情况下，功率因数低的客户负荷电流必然较大，增加了电流通过导线所引起的发热损失。该客户所应承担的变动成本也相应多些，所以功率因数是反映客户用电特征的有效数据。

(5) 平均电价因素 C_{15}。关于平均电价的评分因为数据的变化幅度不大，可以直接采取等比例评分的方法。

$$\text{平均电价因素 } C_{15}=\begin{cases}0, & x\leqslant p_1\\ \dfrac{x-p_1}{p_2-p_1}, & p_1<x<p_2\\ 1, & x\geqslant p_2\end{cases}\tag{3.5}$$

其中，x＝某电力客户上一年电费总额 ÷ 某企业上一年购电量；p_1 为电力客户平均电价的最低值，p_2 为平均电价的最高值。

平均电价的高低对电力企业的利润率具有重要的影响。平均电价越高的客户，单位电量带来的利润将越高。所以平均电价水平是反映客户用电特征的有效数据。

(6) 契约总容量因素 C_{16}。

$$\text{契约总容量 } C_{16}=\frac{x}{u_{\max}},\quad 0\leqslant x\leqslant u_{\max}\tag{3.6}$$

其中，x 为某电力客户契约总容量；$u_{\max}$ 为电力企业所有客户中契约容量的最高值。

(7) 低谷用电率 C_{17}(见图 3－5)。

$$\text{低谷用电率 } C_{17}=\begin{cases}0, & x\leqslant 0\\ \dfrac{x}{I}, & 0<x<I\\ 1, & x\geqslant I\end{cases}\tag{3.7}$$

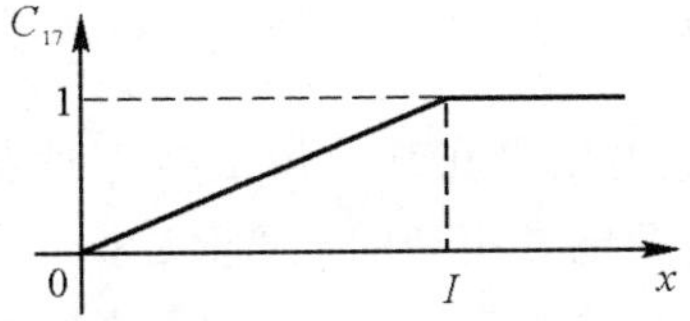

图 3－5　低谷用电率

其中,x＝某企业低谷用电量÷某企业总用电量;I 为某一确定值。

低谷用电率可体现客户用电状况,客户低谷购电不仅可缓解高峰时段的用电压力,而且可提高供电企业的售电量和降低运行成本,其中 I 由供电企业确定。

(8) 运行容量因素 C_{18}。

$$\text{运行容量 } C_{18}=\begin{cases}0, & x\leqslant k_1\\ \dfrac{x-k_1}{k_2-k_1}, & k_1<x<k_2\\ 1, & x\geqslant k_2\end{cases}\tag{3.8}$$

其中,x 为某电力客户的运行容量;k_2 和 k_1 为运行容量的上、下限。

2. 信用状况 C_2

(1) 电费回收率 C_{21}。用上一年客户的交电费情况反映其信用水平。

$$\text{电费回收率 } C_{21} = \begin{cases} \dfrac{x}{f_1}, & 0 < x \leqslant f_1 \\ 1, & x > f_1 \end{cases} \tag{3.9}$$

x 为电力客户上一年实缴电费总金额，f_1 为该客户上一年应缴总金额(包括前期电费欠费金额)。

(2) 当前欠费余额 C_{22}。

$$\text{当前电费欠费总额 } C_{22} = 1 - \frac{x}{t_{\max}}, \quad 0 \leqslant x \leqslant t_{\max} \tag{3 .10}$$

其中，x 为某电力用户在某一设定结算时点账面余额，$t_{\max}$ 为拖欠电费金额最高的电力用户的欠费金额。

(3) 电费回收准时度 C_{23}。它是用于考察企业是否按时交电费的指标。

$$\text{电费回收准时度 } C_{23} = 1 - \frac{\text{某电力客户欠费次数}}{\text{出账次数}} \tag{3.11}$$

3. 用电发展潜力 C_3

(1) 电量增长率 C_{31}(见图 3－6)。

$$\text{电量增长率 } C_{31} = \begin{cases} 0, & x \leqslant 0 \\ \dfrac{x}{r}, & 0 < x < r \\ 1, & x \geqslant r \end{cases} \tag{3.12}$$

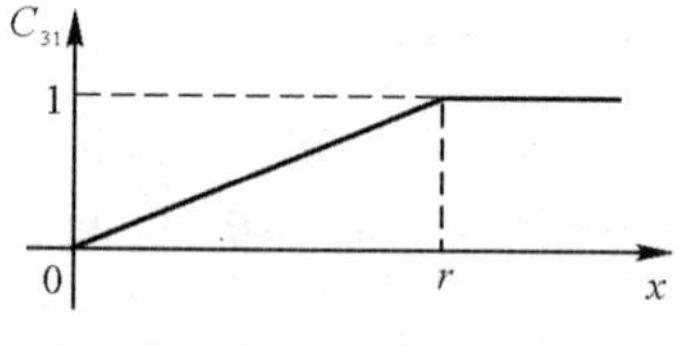

图 3－6　电量增长率

其中，x＝某电力客户上一年实增电量 ÷ 该电力客户上一年购电量；r 为增长上限，根据供电企业自身的实际情况来确定。

通过电力客户的增长水平可以反映客户的发展情况，在一定程度上可以评价该电力客户的电力消费发展潜力。

(2) 电量增长贡献率 C_{32}。

$$电量增长贡献率\ C_{34}=\frac{x/M}{x_{\max}/M}=\frac{x}{x_{\max}} \tag{3.13}$$

其中，x 为电力客户上年增长电量；$x_{\max}$ 为所有客户用电量中最大增长电量；M 为供电企业总供电增长量。

(3) 电费增长率 C_{33}（见图 3-7）。

$$电费增长率\ C_{33}=\begin{cases}0, & x\leqslant 0\\ \dfrac{x}{r}, & 0<x<r\\ 1, & x\geqslant r\end{cases} \tag{3.14}$$

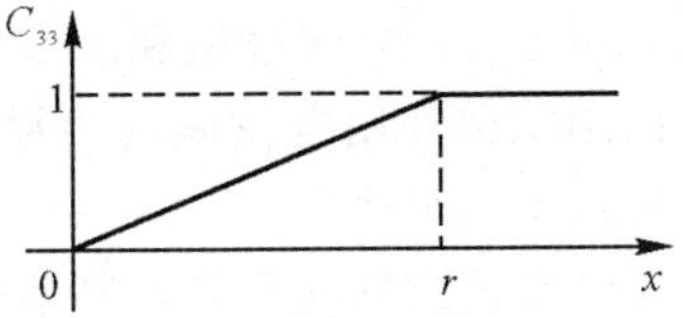

图 3-7　电费增长率

其中，x＝某电力客户上一年实增电费 ÷ 该电力客户上一年电费；r 为增长上限，根据供电企业自身的实际情况来确定。

通过电力客户的增长水平可以反映客户的发展情况，在一定程度上可以评价该电力客户的电力消费发展潜力。

(4) 电费增长贡献率 C_{34}。

$$电费增长贡献率\ C_{34}=\frac{x/M}{x_{\max}/M}=\frac{x}{x_{\max}} \tag{3.15}$$

其中，x 为电力客户上年电费增长量；x_{max} 为最大电费增长量；M 为供电企业电费总增长量。

3.3.4　指标权重的确定

在综合比较了各个方法之后，本书将采用层次分析法（AHP

法）确定指标权重，并对指标值进行无量纲化处理，最后运用综合指数法计算得到电力客户价值综合值。

AHP法的基本内容是：首先根据问题的性质和要求，提出一个总的目标，后将问题按层次分解，对同一层次内的诸因素通过两两比较的方法确定出相对于上层次目标的各自权重，这样层层分析下去，直到最后一层，即可给出所有因素相对于总目标而言的按重要性程度的一个排序，即权重系数。具体步骤如下：

（1）明确问题，提出总目标。

（2）建立层次结构，把问题分解成若干层次。第一层为总目标，中间层可根据问题的性质分为准则层、部门层、约束层等，最低层一般为方案层或措施层。根据前文所建立的指标体系，确定将电力客户价值定为目标层 A，当前价值和潜在价值设为第二层准则层 B，用电情况、信用状况和用电发展潜力设为因素层 C_i，各单项评价指标设为指标层 C_{ij}，见表 3－5。

（3）构建两两成对比较的判断矩阵。判断矩阵表示针对上一层次某单元(元素)，本层次与它有关的单元之间相对重要性的比较。例如：假设当前层次上的因素为 $B_1, B_2, B_3, \cdots, B_n$，相关的上一层为 A，则可针对因素 A，对所有因素 $B_1, B_2, B_3, \cdots, B_n$ 进行两两比较，可得到 $A-B$ 判断矩阵，一般形式见表 3－7。

表 3－7　$A-B$ 判断矩阵

A	B_1	B_2	B_3	$\cdots$	B_n
B_1	1	b_{12}	b_{13}	$\cdots$	b_{1n}
B_2	b_{21}	1	b_{23}	$\cdots$	b_{2n}
B_3	b_{31}	b_{32}	1	$\cdots$	b_{3n}
$\vdots$	$\vdots$	$\vdots$	$\vdots$		$\vdots$
B_n	b_{n1}	b_{n2}	b_{n3}	$\cdots$	1

判断矩阵中的 b_{ij} 是邀请相关专家采用 1 ～ 9 标度，对因素间相对重要性给出的数量标度，其定义和解释见表 3 - 8。

表 3 - 8　标度说明

标　度	定　义	说　明
1	同等重要	目标 i 和目标 j 同等重要
3	略微重要	目标 i 比目标 j 略微重要
5	相当重要	目标 i 比目标 j 重要得多
7	明显重要	目标 i 比目标 j 明显重要
9	绝对重要	目标 i 比目标 j 绝对重要
2,4,6,8	介于相邻重要程度之间	

注：目标 i 与目标 j 比较得判断 b_{ij}，则目标 j 与目标 i 比较得判断$b_{ji}=l/b_{ij}$。

(4) 层次单排序及其一致性检验。层次单排序就是通过判断矩阵的计算，得到本层次所有因素相对上一层次而言的重要性排序。

判断矩阵的计算过程主要可以归结为计算判断矩阵的最大特征根及其对应的特征向量。例如对于因素 $B_1, B_2, B_3, \cdots, B_n$ 相应于上一层次因素 A 的判断矩阵（见表 3 - 7）可记作矩阵 $\boldsymbol{B}=(b_{ij})_{n\times n}$，经过计算得到其最大特征根 $\lambda_{\max}$，以及 $\lambda_{\max}$ 的标准化的特征向量$\boldsymbol{W}=(W_1, W_2, W_3, \cdots, W_n)^{\mathrm{T}}$，则 $W_1, W_2, W_3, \cdots, W_n$ 即为因素 $B_1, B_2, B_3, \cdots, B_n$ 相对于上一层因素 A 而言的相对重要性排序，即因素 $B_1, B_2, B_3, \cdots, B_n$ 相对于上一层因素 A 而言的权重。

判断矩阵中，如果各元素之间存在如下关系：

$$b_{ik}=b_{ij}\times b_{jk} \tag{3.16}$$

则称判断矩阵具有完全一致性，此时求得的最大特征根向量 $\lambda_{\max}$ 等于矩阵的阶数 n。但是由于客观事物的复杂性和人们认识的多样性，难免会产生某些片面性，从而使每个判断矩阵都存在不一致

的可能。而在规模大、因素多的情况下，矩阵的一致性只能估计判断，引入

$$CI=\frac{\lambda_{\max}-n}{n-1} \tag{3.17}$$

当$CI=0$时，即当$\lambda_{\max}=n$时，表示判断矩阵完全一致，CI值越大表示判断矩阵一致性越差。在实际的一致性判断中，还引入平均随机一致性指标RI，通常取CI与RI的比值进行一致性判断，当比值

$$CR=\frac{CI}{RI}\leqslant 0.1 \tag{3.18}$$

时认为判断矩阵存在一致性，否则需要重新调整判断矩阵。平均随机一致性指标RI随n值不同而取值不同，对于1～9阶矩阵，RI值见表3-9。

表3-9　平均随机一致性指标RI的取值

n	1	2	3	4	5	6	7	8	9
RI	0	0	0.58	0.90	1.12	1.24	1.32	1.41	1.45

(5) 层次总排序。同一层次所有因素对于最高层(总目标A)相对重要性的排序权值，称为层次总排序，也称为因素的组合权重，这一过程是由最高层到最低层逐层进行的。对于最高层下面的第二层，由步骤(4)所求得的其层次单排序即为层次总排序，即组合权重。

假定上一层次B包含m个因素$B_1,B_2,B_3,\cdots,B_m$，已知其层次总排序的权值分别为$b_1,b_2,b_3,\cdots,b_m$，下一层次C包含n个因素$C_1,C_2,C_3,\cdots,C_n$，它们对于因素B的层次单排序的权值分别为$c_{1i},c_{2i},c_{3i},\cdots,c_{ni}$(当$C_k$与$B_i$无联系时，其层次单排序的权值$c_{ki}=0$)，则层次$C$所包含各因素的层次总排序(组合权重)为

$$\sum_{i=1}^{m} b_i c_{1i},\quad \sum_{i=1}^{m} b_i c_{2i},\quad \sum_{i=1}^{m} b_i c_{3i},\quad \cdots,\quad \sum_{i=1}^{m} b_i c_{ni} \tag{3.19}$$

如此一层一层自上而下求下去，一直到最低层所有因素的层次总排序都求出为止，就可得到所有因素相对于总目标而言的组合权重(见图 3-8)。

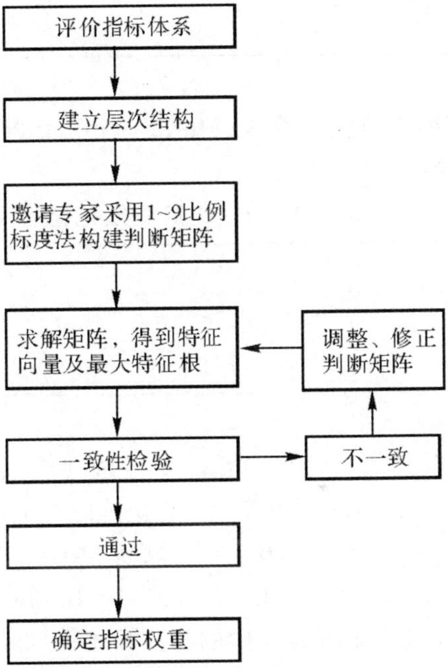

图 3-8　层次分析法确定权重的程序

下面将以当前价值 B_1、潜在价值 B_2 相对于总目标 A 的权重计算过程为例，说明评价指标权重确定过程，并最终计算得到各评价指标的权重。

(1) 当前价值 B_1、潜在价值 B_2 相对于总目标 A 的权重计算。

1) 邀请相关专家填写调查问卷，根据 1 ～ 9 的标度确定各指标间的相对重要性，构建 B_1，B_2 相对于总目标 A 的相对重要程度判断矩阵（见表 3－10）。

表 3－10　A－B 判断矩阵

A	B_1	B_2
B_1	1	4
B_2	1/4	1

2）将矩阵列规范化。将矩阵中每一个元素除以它所在列的和（见表 3－11）。

表 3－11　A－B 矩阵规范化

A	B_1	B_2
B_1	4/5	4/5
B_2	1/5	1/5

3）计算矩阵的最大特征向量。对经过列规范化后的矩阵求每一行的算术平均值，就可得到 $A-B$ 矩阵的特征向量：

$$\mathbf{A}^{\mathrm{T}}=(B_1,B_2)=(0.80,0.20)$$

4）计算矩阵的最大特征根 $\lambda_{\max}$，将 $A-B$ 判断矩阵（见表 3－10）中的每一行与特征向量 $\mathbf{A}$ 中的相应数相乘，然后将得数相加：

$$\begin{bmatrix}1\times 0.8+4\times 0.2\\ \frac{1}{4}\times 0.8+1\times 0.2\end{bmatrix}=\begin{bmatrix}1.6\\ 0.4\end{bmatrix}$$

将所得结果与特征向量中相应数相除，然后计算其平均数：

$$\lambda_{\max}=\left(\frac{1.600}{0.800}+\frac{0.400}{0.200}\right)\times\frac{1}{2}=2$$

经计算得：$\lambda_{\max}=2$。

5）一致性检验：

$$CI = \frac{\lambda_{\max} - n}{n-1} = 0 \quad （其中 n 为比较项个数）$$

$$CR = 0$$

因为 $CR = 0 < 0.1$，A 的一致性可接受，则客户当前价值 B_1、客户潜在价值 B_2 相对于客户总价值 A 的权重为

$$A = (B_1, B_2) = (0.80, 0.20)$$

（2）评价指标 C_1, C_2 相对于客户当前价值 B_1 的权重计算。

1）构建 C_1, C_2 相对于当前价值 B_1 的相对重要程度判断矩阵（见表 3－12）。

表 3－12　$B_1 - C$ 判断矩阵

B_1	C_1	C_2
C_1	1	2/3
C_2	3/2	1

2）将矩阵列规范化：将矩阵中每一个元素除以它所在列的和（见表 3－13）。

表 3－13　$B_1 - C$ 矩阵规范化

B_1	C_1	C_2
C_1	2/5	2/5
C_2	3/5	3/5

3）计算矩阵的最大特征向量。对经过列规范化后的矩阵求每一行的算术平均值，就可得到 $B_1 - C$ 矩阵的特征向量：

$$\boldsymbol{B}_1^{\mathrm{T}} = (C_1, C_2) = (0.40, 0.60)$$

4）计算矩阵的最大特征根 $\lambda_{\max}$。将 $B_1 - C$ 判断矩阵（见表 3－12）中的每一行与特征向量 B_1 中的相应数相乘，然后将得

数相加：

$$\begin{bmatrix} 1\times 0.4+\dfrac{2}{3}\times 0.6 \\ \dfrac{3}{2}\times 0.4+1\times 0.6 \end{bmatrix}=\begin{bmatrix} 0.8 \\ 1.2 \end{bmatrix}$$

将所得结果与特征向量中相应数相除，然后计算其平均数：

$$\lambda_{\max}=\left(\frac{0.800}{0.400}+\frac{1.200}{0.600}\right)\times\frac{1}{2}=2$$

经计算得：$\lambda_{\max}=2$。

5）一致性检验：

$$CI=\frac{\lambda_{\max}-n}{n-1}=0 \quad （其中 n 为比较项个数）$$

$$CR=0$$

因为 $CR=0<0.1$，B_1 的一致性可接受，则 C_1，C_2 相对于客户当前价值 B_1 的权重 $B_1=(0.400,0.600)$。

(3) C_{11}，C_{12}，C_{13}，C_{14}，C_{15}，C_{16}，C_{17}，C_{18} 相对于用电情况 C_1 的权重。

1）构建 C_{11}，C_{12}，C_{13}，C_{14}，C_{15}，C_{16}，C_{17}，C_{18} 相对于用电情况 C_1 的相对重要程度判断矩阵（见表 3－14）。

表 3－14　C_1-C_{1i} 判断矩阵

C_1	C_{11}	C_{12}	C_{13}	C_{14}	C_{15}	C_{16}	C_{17}	C_{18}
C_{11}	1	6	5	5	1	3	7	4
C_{12}	1/6	1	5/6	5/6	1/6	1/2	7/6	2/3
C_{13}	1/5	6/5	1	1	1/5	3/5	7/5	4/5
C_{14}	1/5	6/5	1	1	1/5	1/2	7/5	4/5
C_{15}	1	6	5	5	1	3	7	4
C_{16}	1/3	2	5/3	5/3	1/3	1	7/3	4/3
C_{17}	1/7	6/7	5/7	5/7	1/7	3/7	1	4/7
C_{18}	1/4	3/2	5/4	5/4	1/4	3/4	7/4	1

2）将矩阵列规范化：将矩阵中每一个元素除以它所在列的和（见表 3 - 15）。

表 3 - 15　$C_1 - C_{1i}$ 矩阵规范化

C_1	C_{11}	C_{12}	C_{13}	C_{14}	C_{15}	C_{16}	C_{17}	C_{18}
C_{11}	0.30	0.31	0.30	0.30	0.30	0.31	0.30	0.30
C_{12}	0.05	0.05	0.05	0.05	0.05	0.05	0.05	0.05
C_{13}	0.06	0.06	0.06	0.06	0.06	0.06	0.06	0.06
C_{14}	0.06	0.05	0.07	0.06	0.06	0.05	0.06	0.06
C_{15}	0.30	0.31	0.30	0.30	0.30	0.31	0.30	0.30
C_{16}	0.10	0.10	0.10	0.10	0.10	0.10	0.10	0.10
C_{17}	0.04	0.04	0.04	0.04	0.04	0.04	0.04	0.04
C_{18}	0.08	0.08	0.08	0.08	0.08	0.08	0.08	0.08

3）计算矩阵的最大特征向量。对经过列规范化后的矩阵求每一行的算术平均值，就可得到 $C_1 - C_{1i}$ 矩阵的特征向量：

$$\boldsymbol{C}_1^{\mathrm{T}} = (C_{11}, C_{12}, C_{13}, C_{14}, C_{15}, C_{16}, C_{17}, C_{18}) = (0.304, 0.051, 0.060, 0.060, 0.304, 0.101, 0.044, 0.076)$$

4）计算矩阵的最大特征根 $\lambda_{\max}$。将 $C_1 - C_{1i}$ 判断矩阵（表 3 - 14）中的每一行与特征向量 C_1 中的相应数相乘，然后将得数相加：

$$\begin{bmatrix} 1 & 6 & 5 & 5 & 1 & 3 & 7 & 4 \\ \frac{1}{6} & 1 & \frac{5}{6} & \frac{5}{6} & \frac{1}{6} & \frac{1}{2} & \frac{7}{6} & \frac{2}{3} \\ \frac{1}{5} & \frac{6}{5} & 1 & 1 & \frac{1}{5} & \frac{3}{5} & \frac{7}{5} & \frac{4}{5} \\ \frac{1}{5} & \frac{6}{5} & 1 & 1 & \frac{1}{5} & \frac{1}{2} & \frac{7}{5} & \frac{4}{5} \\ 1 & 6 & 5 & 5 & 1 & 3 & 7 & 4 \\ \frac{1}{3} & 2 & \frac{5}{3} & \frac{5}{3} & \frac{1}{3} & 1 & \frac{7}{3} & \frac{4}{3} \\ \frac{1}{7} & \frac{6}{7} & \frac{5}{7} & \frac{5}{7} & \frac{1}{7} & \frac{3}{7} & 1 & \frac{4}{7} \\ \frac{1}{4} & \frac{3}{2} & \frac{5}{4} & \frac{5}{4} & \frac{1}{4} & \frac{3}{4} & \frac{7}{4} & 1 \end{bmatrix} \times \begin{bmatrix} 0.304 \\ 0.051 \\ 0.060 \\ 0.060 \\ 0.304 \\ 0.101 \\ 0.044 \\ 0.076 \end{bmatrix} = \begin{bmatrix} 2.429 \\ 0.405 \\ 0.440 \\ 0.440 \\ 2.429 \\ 0.810 \\ 0.347 \\ 0.607 \end{bmatrix}$$

将所得结果与特征向量中相应数相除，然后计算其平均数：

$$\lambda_{\max} = \frac{1}{8}\left(\frac{2.429}{0.304} + \frac{0.405}{0.051} + \frac{0.440}{0.060} + \frac{0.440}{0.060} + \frac{2.429}{0.304} + \frac{0.810}{0.101} + \frac{0.347}{0.044} + \frac{0.607}{0.076}\right) = 8.019$$

经计算得：$\lambda_{\max} = 8.019$。

5）一致性检验：

$$CI = \frac{\lambda_{\max} - n}{n-1} = 0.027 \quad \text{（其中 } n \text{ 为比较项个数）}$$

$$CR = \frac{CI}{RI} = \frac{0.027}{1.41} = 0.019 \quad \text{（当 } n=8 \text{ 时，查表可得 } RI = 1.41\text{）}$$

因为 $CR = 0.019 < 0.1$，C_1 的一致性可接受，则 $C_{11}, C_{12}, C_{13}, C_{14}, C_{15}, C_{16}, C_{17}, C_{18}$ 相对于客户当前价值 C_1 的权重为

$$\boldsymbol{C}_1^{\mathrm{T}} = (0.304, 0.051, 0.060, 0.060, 0.304, 0.101, 0.044, 0.076)$$

（4）C_{21}, C_{22}, C_{23} 相对于信用状况 C_2 的权重计算。

1）构建信用状况子指标判断矩阵（见表 3-16）。

表 3－16　C_2-C_{2i} 判断矩阵

C_2	C_{21}	C_{22}	C_{23}
C_{21}	1	2/1	3/2
C_{22}	2	1	5/2
C_{23}	2/3	2/5	1

2）计算最大特征根及其对应特征向量。经计算得：$\lambda_{max}=3.006$，对应特征向量为

$$\boldsymbol{C}_2=(C_{21},C_{22},C_{23})=(0.279,0.524,0.197)$$

3）一致性检验：

$$CI=\frac{\lambda_{max}-n}{n-1}=\frac{3.006-3}{3-1}=0.003$$

$CR=\dfrac{CI}{RI}=\dfrac{0.003}{0.58}=0.0052$　（当 $n=3$ 时，查表可得 $RI=0.58$）

因为 $CR=0.0052<0.1$，C_2 的一致性可接受，则 C_{21}，C_{22}，C_{23} 相对于 C_2 的权重为

$$\boldsymbol{C}_2=(C_{21},C_{22},C_{23})=(0.279,0.524,0.197)$$

(5)C_{31}，C_{32}，C_{33}，C_{34} 相对于用电发展潜力 C_3 的权重计算。

1）构建用电发展潜力子指标判断矩阵（见表 3－17）。

表 3－17　C_3-C_{3i} 判断矩阵

C_3	C_{31}	C_{32}	C_{33}	C_{34}
C_{31}	1	1/2	1/3	1/4
C_{32}	2	1	1/2	1/2
C_{33}	3	2	1	1
C_{34}	4	2	1	1

2）计算最大特征根及其对应特征向量。经计算得：$\lambda_{max}=4.013$，对应特征向量为

$$\boldsymbol{C}_3=(C_{31},C_{32},C_{33},C_{34})=(0.100,0.185,0.345,0.370)$$

3）一致性检验：

$$CI=\frac{\lambda_{\max}-n}{n-1}=\frac{4.03-4}{4-1}=0.004$$

$$CR=\frac{CI}{RI}=\frac{0.004}{0.9}=0.0044$$ （当 $n=4$ 时，查表可得 $RI=0.9$）

因为 $CR=0.0044<0.1$，C_3 的一致性可接受，则 C_{31}，C_{32}，C_{33}，C_{34} 相对于 C_3 的权重为

$$\boldsymbol{C}_3=(C_{31}, C_{32}, C_{33}, C_{34})=(0.100, 0.185, 0.345, 0.370)$$

汇总上述所有权重结果，得到电力客户价值评价指标体系的权重，具体见表 3-18。

表 3-18　电力客户价值评价体系指标权重表

一级指标	二级指标	权 重	三级指标	权 重	四级指标	权 重
电力客户价值 A	当前价值 B_1	0.8	用电情况 C_1	0.4	用电量 C_{11}	0.304
					电压等级 C_{12}	0.051
					用电负荷率 C_{13}	0.060
					功率因数 C_{14}	0.060
					平均电价 C_{15}	0.304
					契约总容量 C_{16}	0.101
					低谷用电率 C_{17}	0.044
					运行容量 C_{18}	0.076
			信用状况 C_2	0.6	电费回收率 C_{21}	0.279
					当前欠费余额 C_{22}	0.524
					电费回收准时度 C_{23}	0.197
	潜在价值 B_2	0.2	用电发展潜力 C_3	1.0	电量增长率 C_{31}	0.100
					电量增长贡献率 C_{32}	0.185
					电费增长率 C_{33}	0.345
					电费增长贡献率 C_{34}	0.370

3.4　本章小结

本章介绍了客户细分理论的相关概念及细分方法理论，研究了电力客户不同细分方法，构建并修正了电力客户价值评价指标体系，对评价指标进行了无量纲化处理并用层次分析法确定了权重。

第 4 章　电力客户细分及价值评价信息系统的开发与实现

第 3 章在回顾客户细分理论的基础上，研究了现有的比较普遍的电力客户细分方法及客户价值评价指标体系。基于电力客户细分及评价理论，为达到定期分析客户数据、动态评价客户价值的目的，对电力企业的客户数据进行处理就显得尤为必要。要定期对客户数据进行分析、动态地评价客户，如果仅仅采取传统人力手工进行收集、计算、分析客户数据，浩瀚的客户数据及烦琐的计算过程使得这项工作几乎不可能完成。那么，如何从纷繁复杂、大量沉淀的数据环境中得到有用的决策信息，及时做出正确的分析与决策？借助于现代信息通信技术，开发出一个电力客户细分及价值评价信息系统来分析、处理、存储海量的客户数据就可以使定期的客户细分和动态的客户评价工作成为现实(魏锦文，2008)。

4.1　系统需求分析

本系统的开发旨在应用先进的计算机手段辅助电力企业按照不同的属性及标准对客户进行细分，根据客户评价指标体系动态地评价客户，得出不同的客户群体及其特点。电力客户细分及价值评价信息系统的主要目标是通过计算机处理大量电力客户数据，定期分析客户信息，动态评价客户价值，根据最新的数据对客户进行分类。从而使电力企业能够根据不同客户群的特点提供差异化的缴费服务，并采取相应的措施以期达到提高电费回收率、缩短电费回收周期的目的。

本系统采用了查阅文献资料、深入电力企业调研、咨询专家、开座

谈会等方式,得出电力客户细分及价值评价信息系统的如下需求:

(1)系统维护,包括角色管理、权限管理、用户管理、口令修改、登录日志等。

(2)基础数据管理,包括经济性质目录管理、区域目录管理、缴费方式目录管理、用电类型目录管理、行业目录管理、客户类别目录管理、电压等级目录管理、用电属性目录管理、法人客户基本信息管理、法人客户关键指标信息管理、居民客户基本信息管理、居民客户关键指标信息管理。

(3)客户细分,包括法人客户细分和居民客户细分。按照单一维度对法人客户进行细分:法人客户按经济性质细分、按区域细分、按缴费方式细分、按用电类型细分、按行业细分、按客户类别细分、按契约总容量细分、按运行容量细分、按电压等级细分、按用电属性细分、按用电量细分、按用电金额细分、按应缴电费细分、按实缴电费细分、按欠费金额细分、按欠费天数细分、按欠费次数细分。按照多个维度对法人客户进行细分:法人客户按区域/行业细分、法人客户按区域/经济性质细分、法人客户按区域/缴费方式细分、法人客户按区域/用电类型细分、法人客户按经济性质/缴费方式细分、法人客户按经济性质/用电类型细分、法人客户按行业/经济性质细分、法人客户按行业/缴费方式细分、法人客户按行业/用电类型细分、法人客户按用电类型/缴费方式细分。法人客户按区域细分、居民客户按缴费方式细分。

(4)客户评价:包括客户评价指标权重管理、法人客户价值评价、法人客户价值浏览。

4.2　系统功能结构设计

电力客户细分及价值评价信息系统的功能结构设计图如图 4－1 所示。

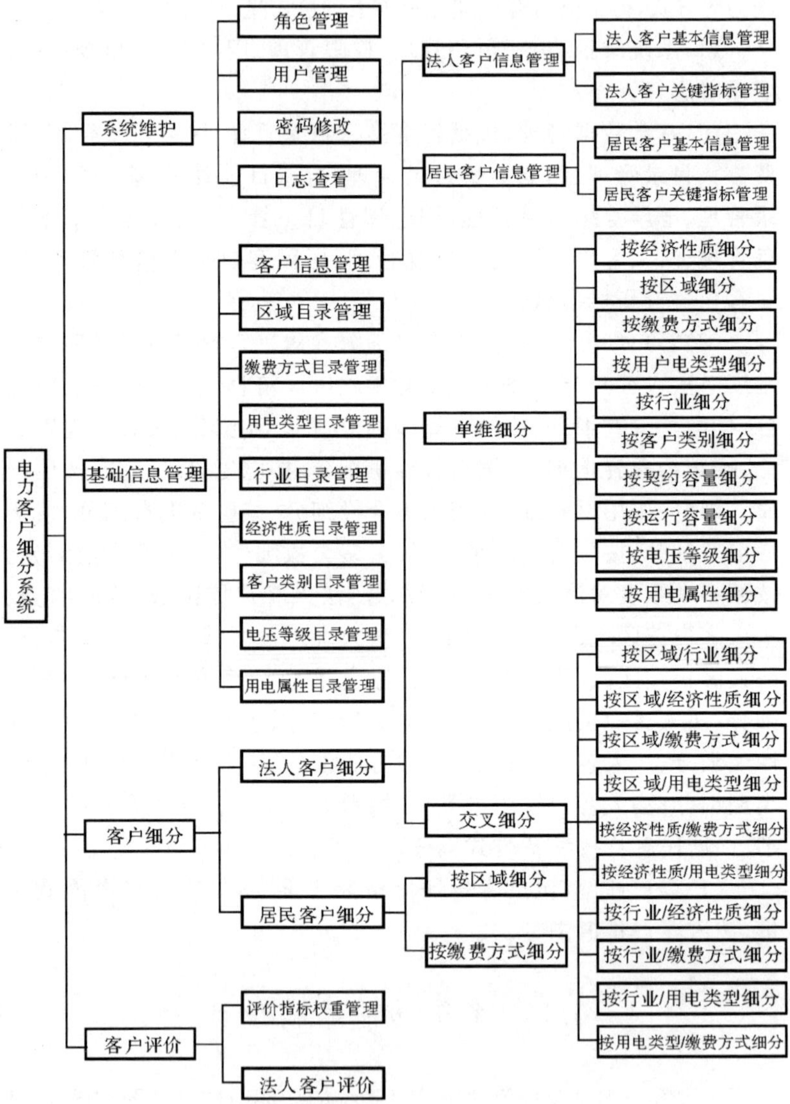

图 4-1　电力客户细分及价值评价信息系统功能结构设计图

本系统主要有以下 4 大模块：

(1)系统维护：系统管理员对用户的信息进行管理，给每个用户确定权限和账号，使不同权限的用户看到的信息不同，从而保证系统的安全性。

(2)基础信息管理：包括对经济性质目录、区域目录、缴费方式目录、用电类型目录、行业目录、客户类别目录、电压等级目录、用电属性目录、法人客户基本信息、法人客户关键指标信息、居民客户基本信息、居民客户关键指标信息等的管理维护，如增加、删除、修改等操作。

(3)客户细分：包括法人客户细分和居民客户细分。对居民客户主要按照区域、缴费方式、用电量、电费金额进行细分。对于法人客户按照单维和多维进行细分。

(4)客户评价：包括客户评价指标权重的浏览、修改，法人客户价值评价、法人客户价值浏览。

4.3　系统数据结构设计

4.3.1　逻辑结构设计

电力客户细分及价值评价信息系统的本质是数据的集成，系统的成功与否首先体现在系统数据结构的合理性上，因此对于不同子系统中的全局数据库结构设计要多方面考虑。同时，对于数据结构中的编码属性(字段)要尽量使用已有的国家、行业、企业的标准。

4.3.2　物理结构设计

信息系统的主要任务是处理数据以获得支持管理决策所需要

的信息。这就需要存储和利用大量不同类型的数据。如何建立一个良好的数据库，使其能迅速、准确地查找所需要的数据，是衡量一个系统的主要指标之一。考虑数据库的合理组织应注意以下几个方面：

1. 数据结构和文件记录设置应满足管理需要

系统开发是针对管理业务进行的，所以设计数据结构和文件记录应考虑到科学管理的要求和实际处理问题的方便，将某层次或某方面管理所要处理的数据组织在一起，以简化后续对实际问题的处理过程。

2. 数据记录要反映各级管理需要

数据存储是为了管理需要，所以在设计时，要完整保存管理业务各方面的信息，同时还应尽量使同一方面或同一层次的要求，相对集中的组织在一起。

3. 信息冗余度尽可能少

数据冗余度是衡量数据结构的指标之一。这个指标与上述相对集中在同一文件结构中反映事物的某些侧面是矛盾的。从集合论的角度来看，反映这些侧面数据集合之间是有交集的，这样就不可避免的产生了冗余，所以考虑问题应是取得两者折衷情况下的最优解(或满意解)。

4. 考虑数据的具体内容

其主要根据数据分析的内容，确定数据的长度、类型、变长还是定长等。

4.3.3 数据库结构

电力客户细分及价值评价信息系统的开发数据库结构共有19个表，分别是：经济性质代码表、区域代码表、缴费方式代码表、用电类型代码表、行业代码表、法人客户基本信息表、角色表、功能表、角色功能表、用户权限设置表、日志记录表、电力客户评价指标代码表、电力客户评价表、居民客户基本信息表、法人客户关键指标表、居民客户关键指标表、客户类别代码表、电压等级代码表、用电属性代码表。其中：

(1)法人客户基本信息表对法人客户的基本信息进行描述，包括法人客户代码、法人客户名称、经济性质、客户类别、地址、电话、邮编、区域、行业、用电类型、契约总容量、运行容量、电压等级、缴费方式、用电属性等信息。用户权限设置表对用户权限设置进行描述，不同角色的用户具有不同的权限，以功能来区分。

(2)居民客户基本信息表对居民客户的基本信息进行描述，包括居民客户代码、居民客户名称、经济性质、客户类别、地址、电话、邮编、区域、行业、用电类型、契约总容量、运行容量、电压等级、缴费方式、用电属性等信息。

(3)法人客户关键指标表是对法人客户用电、欠费等情况的记录，由于一个法人客户每个月都有一条关键指标的记录，因此法人客户基本信息表与此表是一对多的关系。

(4)居民客户关键指标表是对居民客户用电、欠费等情况的记录，由于一个居民客户每个月都有一条关键指标的记录，因此居民客户基本信息表与此表是一对多的关系。

以上是此系统中所涉及的表，每个表都有自己的主键，表与表之间又是通过外键联系起来的，组成了一个相互联系的数据库网络。如图 4－2 所示。

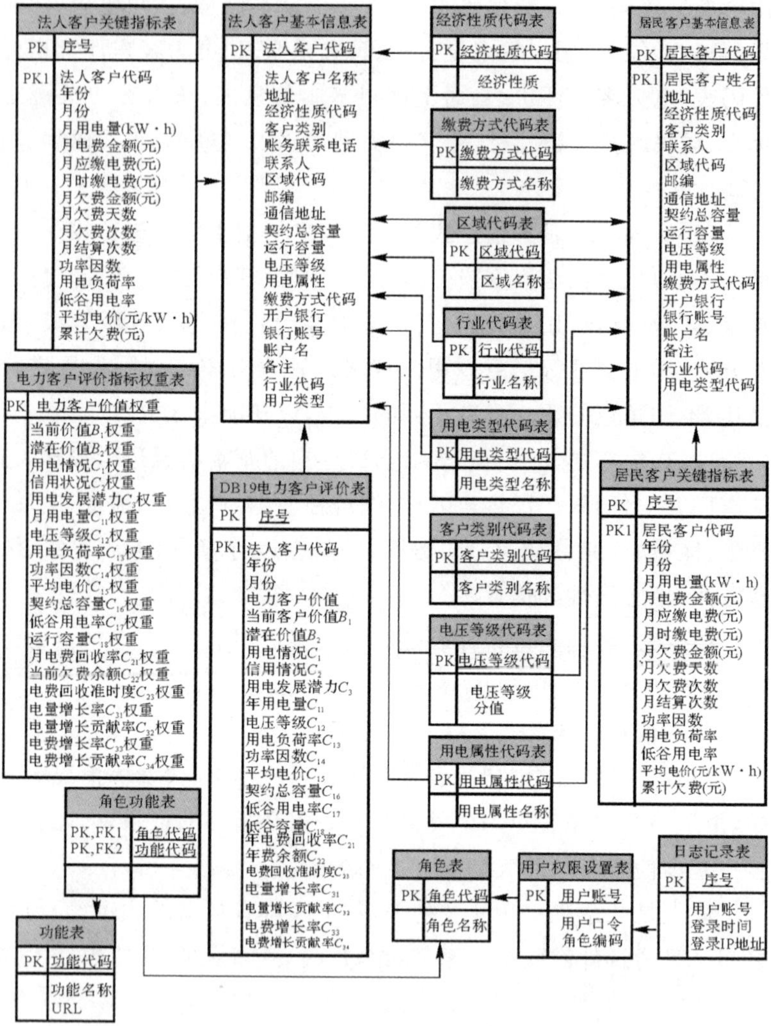

法人客户关键指标表
PK 序号
PK1 法人客户代码
年份
月份
月用电量(kW·h)
月电费金额(元)
月应缴电费(元)
月时缴电费(元)
月欠费金额(元)
月欠费天数
月欠费次数
月结算次数
功率因数
用电负荷率
低谷用电率
平均电价(元/kW·h)
累计欠费(元)
法人客户基本信息表
PK 法人客户代码
法人客户名称
地址
经济性质代码
客户类别
账务联系电话
联系人
区域代码
邮编
通信地址
契约总容量
运行容量
电压等级
用电属性
缴费方式代码
开户银行
银行账号
账户名
备注
行业代码
用户类型
经济性质代码表
PK 经济性质代码
经济性质
缴费方式代码表
PK 缴费方式代码
缴费方式名称
区域代码表
PK 区域代码
区域名称
行业代码表
PK 行业代码
行业名称
用电类型代码表
PK 用电类型代码
用电类型名称
客户类别代码表
PK 客户类别代码
客户类别名称
电压等级代码表
PK 电压等级代码
电压等级分值
用电属性代码表
PK 用电属性代码
用电属性名称
居民客户基本信息表
PK 居民客户代码
PK1 居民客户姓名
地址
经济性质代码
客户类别
联系人
区域代码
邮编
通信地址
契约总容量
运行容量
电压等级
用电属性
缴费方式代码
开户银行
银行账号
账户名
备注
行业代码
用电类型代码
电力客户评价指标权重表
PK 电力客户价值权重
当前价值B_1权重
潜在价值B_2权重
用电情况C_1权重
信用状况C_2权重
用电发展潜力C_3权重
月用电量C_{11}权重
电压等级C_{12}权重
用电负荷率C_{13}权重
功率因数C_{14}权重
平均电价C_{15}权重
契约总容量C_{16}权重
低谷用电率C_{17}权重
运行容量C_{18}权重
月电费回收率C_{21}权重
当前欠费余额C_{22}权重
电费回收准时度C_{23}权重
电量增长率C_{31}权重
电量增长贡献率C_{32}权重
电费增长率C_{33}权重
电费增长贡献率C_{34}权重
DB19电力客户评价表
PK 序号
PK1 法人客户代码
年份
月份
电力客户价值
当前客户价值B_1
潜在价值B_2
用电情况C_1
信用情况C_2
用电发展潜力C_3
年用电量C_{11}
电压等级C_{12}
用电负荷率C_{13}
功率因数C_{14}
平均电价C_{15}
契约总容量C_{16}
低谷用电率C_{17}
低谷容量C_{18}
年电费回收率C_{21}
年费余额C_{22}
电费回收准时度C_{23}
电量增长率C_{31}
电量增长贡献率C_{32}
电费增长率C_{33}
电费增长贡献率C_{34}
居民客户关键指标表
PK 序号
PK1 居民客户代码
年份
月份
月用电量(kW·h)
月电费金额(元)
月应缴电费(元)
月时缴电费(元)
月欠费金额(元)
月欠费天数
月欠费次数
月结算次数
功率因数
用电负荷率
低谷用电率
平均电价(元/kW·h)
累计欠费(元)
角色功能表
PK,FK1 角色代码
PK,FK2 功能代码
功能表
PK 功能代码
功能名称
URL
角色表
PK 角色代码
角色名称
用户权限设置表
PK 用户账号
用户口令
角色编码
日志记录表
PK 序号
用户账号
登录时间
登录IP地址

图 4-2 数据库关系表

4.4 系统代码设计

在信息系统的建设过程中始终要对信息资源进行管理,对信息分类编码是进行信息资源管理的一个有效手段。这项工作在系统分析阶段就已经开始,到了系统设计阶段,所有的有关信息系统的信息编码方案就应该确定下来。这种对信息进行编码的过程就是代码设计。代码设计就是在信息系统的设计过程中,把管理对象数字化或字符化。

所谓代码,就是用来表征客观事物名称、属性或状态的一组易于计算机识别和处理的特定符号。这些符号一般用数字、字符或二者的组合来表示。代码是人与计算机进行交流的语言。学号是给学生实体赋予的代码;货物号是给库存货物赋予的代码。在建立新的信息系统时,有些原有的代码不能适应计算机处理的要求,或者有些信息尚无代码,这时对整个信息系统重新进行代码设计,就显得非常必要了。当然,在设计代码时,要首先调查一下,看看编码对象是否有国际、国家或行业标准,以及是否有一些约定俗成的编码形式。对于具有国际、国家或行业标准的应该遵守这些标准,对于约定俗成的编码形式可加以借鉴或采用。

代码设计必须遵循以下基本原则(邝孔武,王晓敏,2002):

(1)唯一性:一个对象可能有多个名称,也可按不同的方式对它进行描述。但在一个编码体系中,一个对象只能赋予它一个唯一的代码。

(2)合理性:代码结构应与相应的分类体系相对应。

(3)可扩充性:应留有充分的余地,以备将来不断扩充的需要。

(4)简单性:结构尽可能简单,尽可能短,以减少各种差错。

(5)适用性:代码尽可能反映对象的特点,以助记忆,便于填写。

(6)规范性:国家有关编码标准是代码设计的重要依据,已有的标准必须遵循。在一个代码体系中,代码结构、类型、编写格式必须统一。

(7)系统性:有一定的分组规则,从而在整个系统中具有通用性。

(8)不用易混的字符。

本系统涉及的代码主要有经济性质代码、区域代码、缴费方式代码、用电类型代码、行业代码、客户类别代码、电压等级代码、用电属性代码、法人客户代码、居民客户代码,这些代码对于客户的细分和评价非常重要。电力企业内部运行的营销系统已经有了一套编码体系,其中,经济性质代码、区域代码、缴费方式代码、用电类型代码、行业代码均是按照层次码进行编码的,例如:用电类型代码为3位,第1位为用电类型大类,第2位为中类,第3位为小类。编码“132”中“1”代表“大工业”、“13”代表“大工业电解烧碱”、“132”代表“大工业优待电烧碱”,如图4-3所示。法人客户代码为10位,营业客户代码为对应的法人客户代码加上2位顺序码,共有12位。图4-3为用电类型代码编码形式图。

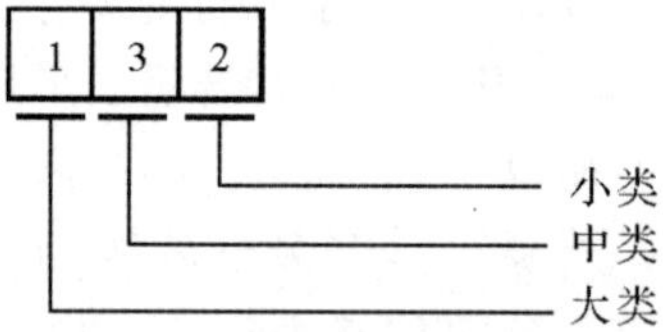

图4-3　用电类型代码编码形式图

4.5　系统输入/输出设计

输入取决于输出,即输入的信息只有根据输出信息的要求才能确定。因此,在完全了解和确定了输出信息后,才能进行系统的输入设计。首先要了解输入数据的产生部门、输入周期和输入的数据量,确定出输入方法。然后根据要求信息量的大小,着重考虑输入方法应简单、快速、经济和方便。最重要的是确保输入数据的正确性。如果输入到系统中的原始数据有错误,则处理后的输出将使错误进一步扩大。为避免和减少输入错误的出现,在进行屏幕格式设计和实施时,应尽量让屏幕显示的画面与实际业务中的原始凭证相同或相近。这样既可提高输入速度又可减少输入中的差错,同时也易于业务人员接受。系统输入设计见表 4－1。

表 4－1　系统输入设计表

输入项名称	输入方式	数量和频度	输入介质	输入数据来源
角色目录添加	屏幕	随机	键盘/鼠标	电力企业
角色目录管理	屏幕	随机	键盘/鼠标	电力企业
用户目录添加	屏幕	随机	键盘/鼠标	电力企业
用户目录管理	屏幕	随机	键盘/鼠标	电力企业
密码管理	屏幕	随机	键盘/鼠标	电力企业
日志管理	屏幕	随机	键盘/鼠标	电力企业
经济性质目录添加	屏幕	随机	键盘/鼠标	电力企业
经济性质目录管理	屏幕	随机	键盘/鼠标	电力企业
区域目录添加	屏幕	随机	键盘/鼠标	电力企业
区域目录管理	屏幕	随机	键盘/鼠标	电力企业
缴费方式目录添加	屏幕	随机	键盘/鼠标	电力企业
缴费方式目录管理	屏幕	随机	键盘/鼠标	电力企业
用电类型目录添加	屏幕	随机	键盘/鼠标	电力企业
用电类型目录管理	屏幕	随机	键盘/鼠标	电力企业
行业目录添加	屏幕	随机	键盘/鼠标	电力企业

续表

输入项名称	输入方式	数量和频度	输入介质	输入数据来源
行业目录管理	屏幕	随机	键盘/鼠标	电力企业
客户类别目录添加	屏幕	随机	键盘/鼠标	电力企业
客户类别目录管理	屏幕	随机	键盘/鼠标	电力企业
电压等级目录添加	屏幕	随机	键盘/鼠标	电力企业
电压等级目录管理	屏幕	随机	键盘/鼠标	电力企业
用电属性目录添加	屏幕	随机	键盘/鼠标	电力企业
用电属性目录管理	屏幕	随机	键盘/鼠标	电力企业
法人客户基本信息添加	屏幕	随机	键盘/鼠标	电力企业
法人客户基本信息管理	屏幕	随机	键盘/鼠标	电力企业
法人客户关键指标管理	屏幕	随机	键盘/鼠标	电力企业
居民客户基本信息添加	屏幕	随机	键盘/鼠标	电力企业
居民客户基本信息管理	屏幕	随机	键盘/鼠标	电力企业
居民客户关键指标管理	屏幕	随机	键盘/鼠标	电力企业
法人客户细分	屏幕	随机	键盘/鼠标	电力企业
居民客户细分	屏幕	随机	键盘/鼠标	电力企业
客户评价指标权重修改	屏幕	随机	键盘/鼠标	电力企业
法人客户评价	屏幕	随机	键盘/鼠标	电力企业
法人客户价值浏览	屏幕	随机	键盘/鼠标	电力企业

输出设计是系统设计中的一个重要方面，也是用户最关心的问题。因为计算机系统对输入数据进行加工处理的结果，只有通过输出才能为用户所用。所以从某种意义上讲，输出设计的好坏对系统的成功与失败将产生直接影响，因此，需要深入了解用户的

需求，与用户进行了充分协商，最后确定用户比较满意的输出结果。

输出设计共分为两个阶段，第一阶段主要是针对现行系统已有的各类报表进行分析、讨论和筛选，取消了原有使用价值小的部分表格，根据新系统的使用要求并结合计算机的优势，增加了部分新表格。第二阶段是对新系统的所有输出信息进行详细的格式和内容设计，其中格式设计主要指表格设计，即屏幕格式设计和纸质表格设计。系统输出设计见表 4-2。

表 4-2　系统输出设计表

输出项名称	输出方式	数量和频度	输出介质
角色目录管理	明细	随机	屏幕
用户目录管理	明细	随机	屏幕
日志管理	明细	随机	屏幕
经济性质目录管理	明细	随机	屏幕
区域目录管理	明细	随机	屏幕
缴费方式目录管理	明细	随机	屏幕
用电类型目录管理	明细	随机	屏幕
行业目录管理	明细	随机	屏幕
客户类别目录管理	明细	随机	屏幕
电压等级目录管理	明细	随机	屏幕
用电属性目录管理	明细	随机	屏幕
法人客户基本信息管理	明细	随机	屏幕
法人客户关键指标管理	明细	随机	屏幕
居民客户基本信息管理	明细	随机	屏幕
居民客户关键指标管理	明细	随机	屏幕

续表

输出项名称	输出方式	数量和频度	输出介质
法人客户细分	明细	随机	屏幕
居民客户细分	明细	随机	屏幕
客户评价指标权重浏览	明细	随机	屏幕
法人客户评价	明细	随机	屏幕
法人客户价值浏览	明细	随机	屏幕

4.6 系统实现

4.6.1 系统开发工具及运行环境

1. 硬件环境

(1)服务端:

主机:主频 2.4GHZ 以上,内存:1G 以上,硬盘:80GB 以上。

(2)客户端:

主机:主频 2.0GHZ 以上,内存:512MB 以上,硬盘:40GB 以上。

打印机:各种型号 24 针式打印机、激光打印机。

2. 软件环境

(1)服务端:

操作系统:Windows 2000 Server。

数据库管理系统:Oracle 9i。

编程语言:.NET 框架环境+ C#语言。

(2)客户端:

操作系统:Windows 2000 Server/Professional,Windows XP

Server/Professional，IE5.5 以上，分辨率 1 024 * 768。

3. 运行环境

电力企业内部网络环境。

4.6.2　系统中典型模块的实现

电力客户细分及价值评价信息系统的登录界面如图 4-4 所示。

图 4-4　登录界面

用户成功登录系统后，进入电力客户细分及价值评价信息系统的主页面，如图 4-5 所示。

图 4-5　某供电局客户细分系统主页面

1. 系统维护

系统维护模块包括角色目录的添加、管理，用户目录的添加、管理，密码的修改，日志查看管理等功能。以角色目录为例，用户在角色目录添加页面可以进行角色信息的添加（见图 4－6），在角色目录管理页面可以进行角色信息的查看、角色信息的编辑、角色的删除、给角色分配权限等操作，如图 4－7 所示。

图 4－6　系统维护模块（角色目录添加）

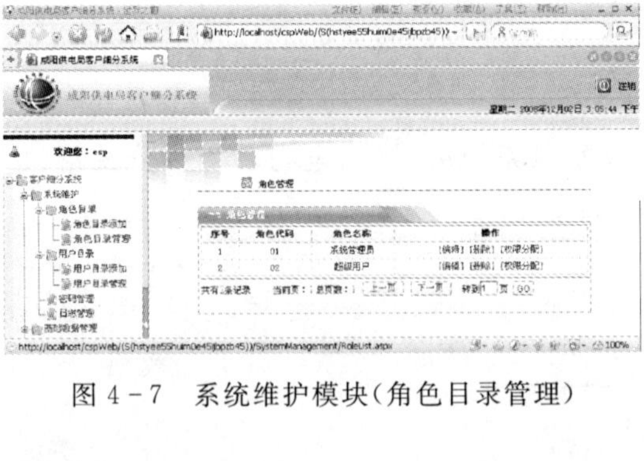

图 4－7　系统维护模块（角色目录管理）

2. 基础数据管理

基础数据管理模块包括经济性质目录、区域目录、缴费方式目录、用电类型目录、行业目录、客户类别目录、电压等级目录、用电属性目录和客户信息管理功能。

以行业目录为例，用户在行业目录添加页面可以进行行业目录的添加(见图 4-8)，在行业目录管理页面可以进行行业目录的查询、查看、编辑、删除等操作，如图 4-9 所示。

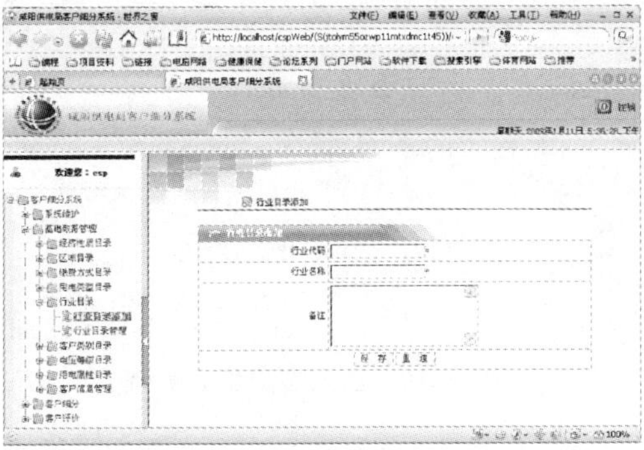

图 4-8 行业目录添加

图 4-9 行业目录管理

客户信息管理包括法人客户信息管理和居民客户信息管理。以法人客户信息管理为例。法人客户信息管理页面包括法人客户信息的添加、编辑、删除、查询(见图 4-10)，法人客户关键指标信息管理页面包括法人客户关键指标信息的编辑、删除、查询(见图 4-11)。

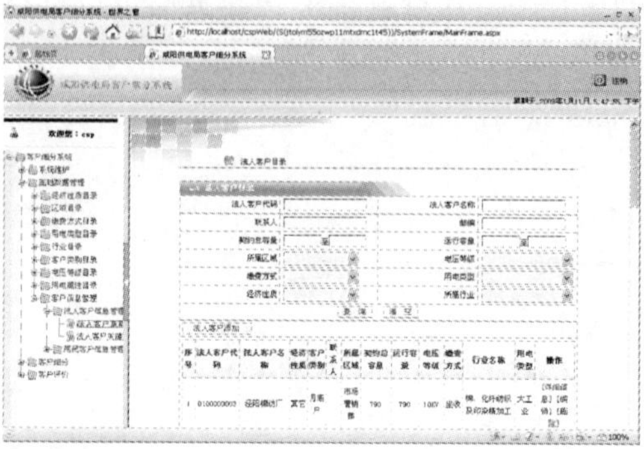

图 4-10　法人客户信息管理

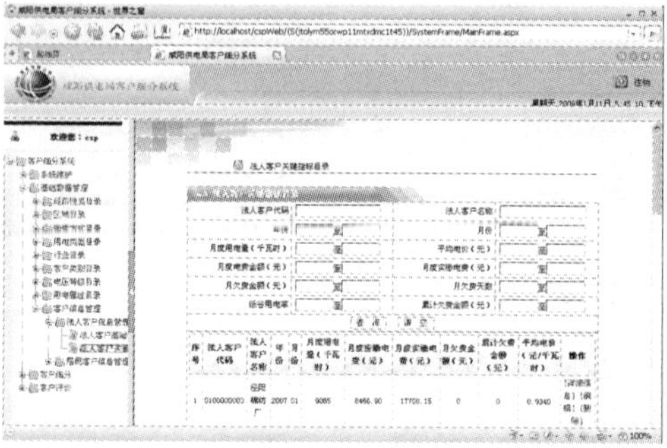

图 4-11　法人客户关键指标信息管理

3. 客户细分

对于法人客户的细分,分为单维细分和交叉细分。

单维细分分别从经济性质、区域、缴费方式、用电类型、行业、客户类别、契约总容量、运行容量、电压等级、用电属性等维度进行,并分别按照以上维度统计不同客户群的年用电量、电费金额、应缴电费、实缴电费、欠费金额、欠费天数、欠费次数。以法人客户按电压等级细分为例(见图 4 - 12),可以统计出各个电压等级的法人客户数量,电费金额、应缴电费、实缴电费、欠费金额、欠费天数、欠费次数,并且可以分别按照用电量等对结果进行排序,分别得出前几位或后几位的电压等级。

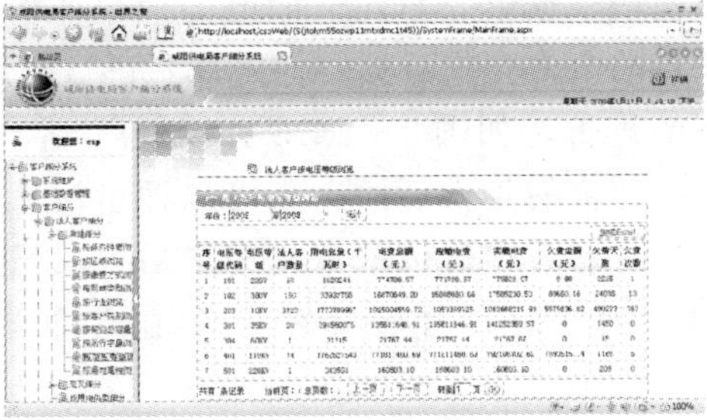

图 4 - 12　法人按电压等级细分页面

交叉细分将经济性质、区域、缴费方式、用电类型、行业这 5 个属性两两组合,并分别组合后的维度统计不同客户群的年用电量、电费金额、应缴电费、实缴电费、欠费金额、欠费天数、欠费次数。以法人客户按区域/经济性质细分为例(见图 4 - 13),可以统计出某区域某种经济性质的法人客户数量、电费金额、应缴电费、实缴电费、欠费金额、欠费天数、欠费次数,并且可以分别按照用电量等对结果进行排序,分别得出前几位或后几位的区域与经济性质的组合。

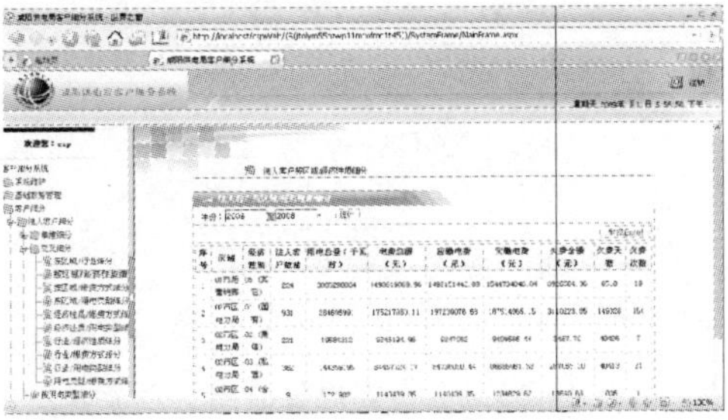

图 4 - 13　法人按区域/经济性质细分页面

对于居民客户的细分主要按照区域和缴费方式统计其客户数量、电费金额、应缴电费、实缴电费、欠费金额、欠费天数、欠费次数。与法人客户单维细分类似,在此不再赘述。

4. 客户评价

客户评价模块根据第 3 章建立的电力客户评价指标体系,利用一定时间节点的电力客户数据,对客户的价值进行计算,进而对客户进行动态的评价。如图 4－14 所示为电力客户价值评价页面。用户输入要评价的年份、月份,就可以评价法人客户该年份、月份的价值。用户对客户价值的评价完成后,可以进入客户价值浏览页面(见图 4－15)查看所有客户价值或感兴趣的客户的价值。

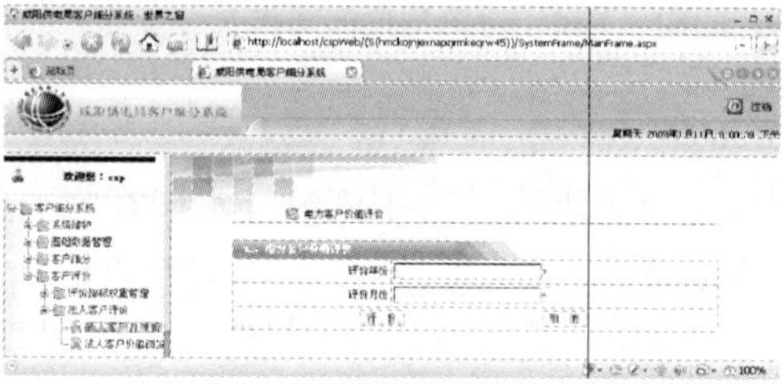

图 4－14　电力客户价值评价页面

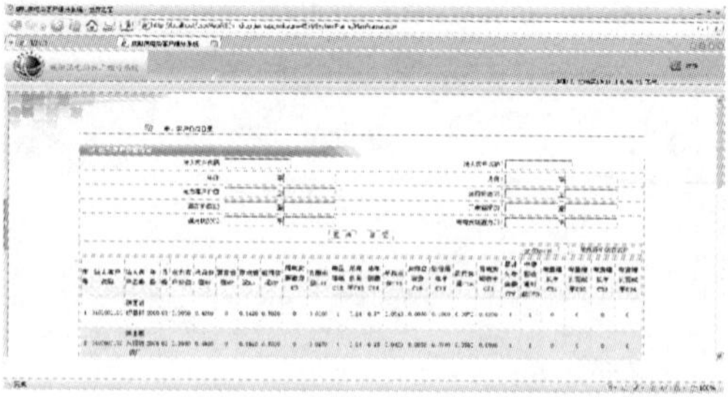

图 4－15　电力客户价值浏览页面

4.7　本 章 小 结

本章以电力客户细分方法及电力客户价值评价指标体系为基础，进行了电力客户细分及评价系统开发的需求分析、功能结构设计、数据库结构设计、代码设计及输入/输出设计和系统中典型模块的实现。

本信息系统可以对海量的客户数据进行动态的客户细分和评价。

第 5 章　电费缴费方式调查问卷的统计分析

利用第 4 章开发的电力客户细分及评价信息系统，定期对海量客户数据进行分析处理，找出不同客户的细分结果和价值评价的等级。进而分析不同类型客户对缴费方式的不同需求，对 A 市供电局电费缴费方式满意度问卷调查。以期根据调查结果，总结当前缴费方式中经验及不足，为制定合理的缴费方式配置决策提供科学依据，使客户能够快捷、便利地缴纳电费。

5.1　电费缴费方式问卷调查的总体情况

本次调查的主要内容包括：A 市供电局当前电费缴费方式的现状、客户对预推出缴费方式的接受程度以及客户欠费情况调查。调查分别针对大客户、法人客户和居民客户进行，从 A 市供电局营销部、A 市区电力局、B 电力局和 C 供电分局随机抽取客户，由 A 市供电局营销部组织实施问卷的发放、回收工作。调查共回收问卷 842 份，剔除选项作答非常不全、信息严重失真等无效问卷 57 份，实际有效问卷 785 份，其中：法人客户有效问卷 499 份，居民客户有效问卷 286 份。受访客户的具体分布情况如表 5－1 和图 5－1 所示。

表 5－1　受访客户区域分布

区域 频次/次 客户类别	A 市供电局营销部	A 市区电力局	B 电力局	C 供电分局	合计
法人客户	8	260	138	93	499
居民客户	0	153	100	33	286
全市	8	413	238	126	785

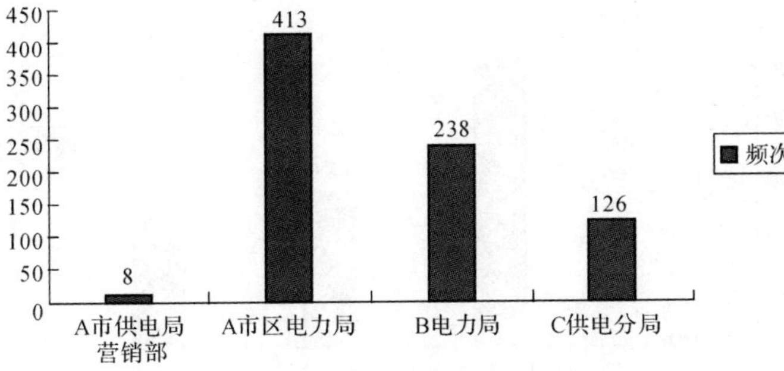

图 5－1　受访客户区域分布

5.2　法人客户调查问卷信息统计分析

5.2.1　受访法人客户背景情况

法人客户缴费方式满意度调查问卷共 10 个题目，主要内容包括：法人客户当前经常采用的缴费方式调查，法人客户希望的缴费方式调查以及欠费原因调查。在问卷处理过程中，题目回答率超过 80％且无明显逻辑错误的问卷按合格问卷纳入统计结果。本次调查共获得法人客户有效调查问卷 499 份，其中：A 市供电局营销部 8 份（占 1.6％），A 市区电力局 260 份（占 52.0％），B 电力局 138 份（占 27.7％），C 供电分局 93 份（占 18.7％），如表 5－2 和图5－2 所示。

表 5－2　受访法人客户区域分布

项目＼区域	A 市供电局营销部	A 市区电力局	B 电力局	C 供电分局	合计
频次/次	8	260	138	93	499
比例	1.6％	52.0％	27.7％	18.7％	100％

注：①全部有效受访法人客户数量为 499（$N=499$）；②某供电局营销部的 8 位受访者是从全市 247 家电力大客户中随机抽取。

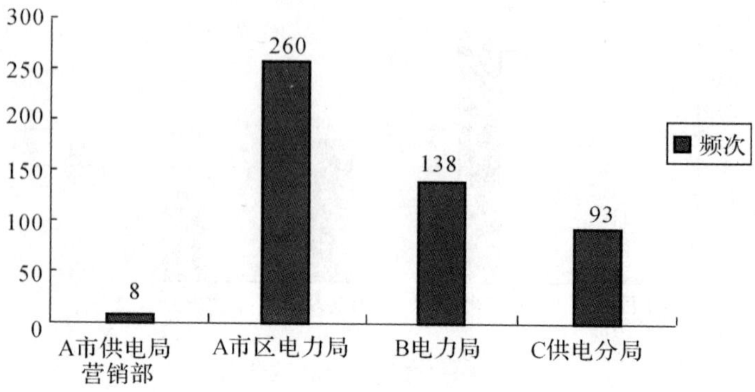

图 6－2　受访法人客户区域分布

受访法人客户中，月电费在 10 000 元以上的占 31.4%，月电费在 5 000～10 000 元之间的客户占 34.4%，月电费在 2 000～5 000元之间的占 16.8%，月电费小于 2 000 元的占 17.4%，如表 5－3 和图 5－3 所示。

表 5－3　受访法人客户月电费情况

项目 \ 月电费金额	10 000 元以上	5 000～10 000 元	2 000～5 000 元	2 000 元以下	合计
频次/次	151	166	81	84	482
比例	31.4%	34.4%	16.8%	17.4%	100%

注：未回答"月均电费"的受访者未计算在内。

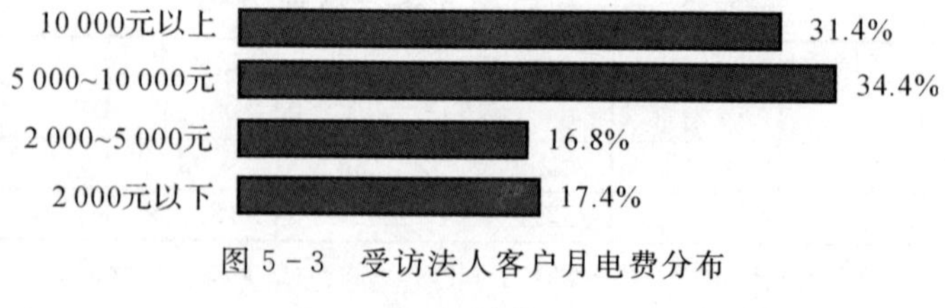

图 5－3　受访法人客户月电费分布

A市区电力局的受访法人客户月均电费在5 000～10 000元之间的比例为40.0%，明显高于其他区域。A市供电局营销部的8位受访者均是电力大客户，月电费均在10 000元以上。

表5-4 各区域受访法人客户月电费分布

月电费金额 比例 区域	10 000元以上	5 000～10 000元	2 000～5 000元	2 000元以下
A市供电局营销部	100.0%			
C供电分局	40.9%	28.4%	19.3%	11.4%
B电力局	32.1%	29.8%	22.1%	16.0%
A市区电力局	25.5%	40.0%	13.7%	20.8%

注：未回答"月均电费"的受访者未计算在内。

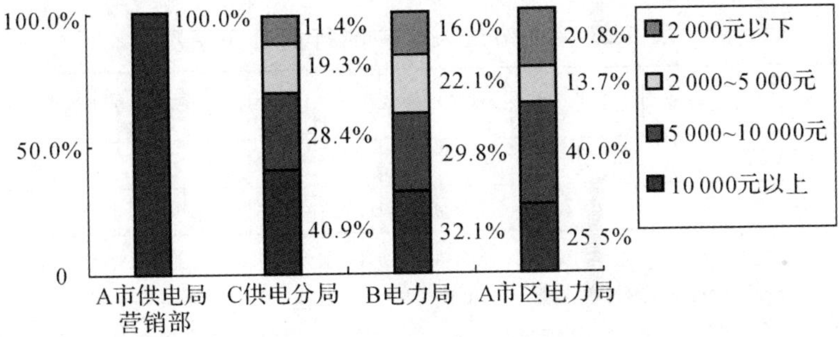

图5-4 受访各区域法人客户月电费分布

受访法人客户中，私营企业比例最高，占56.60%，如表5-5和图5-5所示。

表5-5 受访法人客户经济性质分布

经济性质 项目	国有	集体	私营	合资	独资	其他	合计
频次/次	119	58	274	15	7	11	484
比例	24.60%	12.00%	56.60%	3.10%	1.40%	2.30%	100%

注：未回答"法人客户经济性质"的受访者未计算在内。

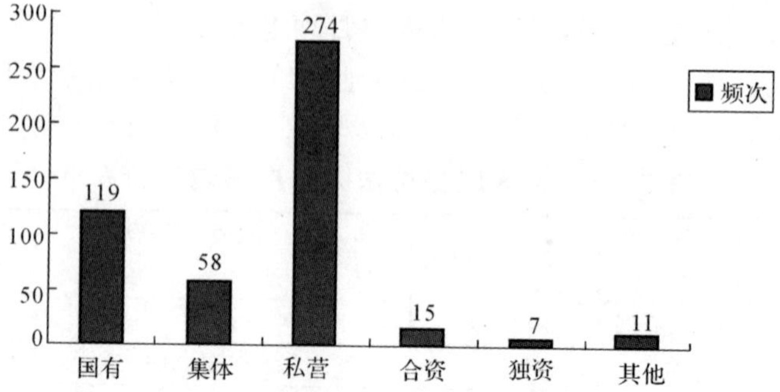

图 5-5　受访法人客户经济性质分布

从法人客户的行业分布来看,国民经济各部门制造业以 36.5% 位居首位,如表 5-6 和图 5-6 所示。

表 5-6　受访法人客户的行业分布情况

项目＼行业	行业 1	行业 2	行业 3	行业 4	行业 5	行业 6	行业 7	行业 8	行业 9	行业 10	其他	合计
频次/次	50	7	182	14	41	21	11	23	27	45	54	475
比例	10.0%	1.4%	36.5%	2.8%	8.2%	4.2%	2.2%	4.6%	5.5%	9.0%	10.9%	100%

注:①未回答"所属行业"的受访者未计算在内;②各行业具体名称。行业 1:农、林、牧、渔业;行业 2:采矿业;行业 3:制造业;行业 4:电力、燃气及水的生产和供应业;行业 5,建筑业;行业 6:交通运输、仓储和邮政业;行业 7:信息传输、计算机服务和软件业;行业 8:商业、住宿和餐饮业;行业 9:金融、房地产、商务及居民服务业;行业 10:公共事业及管理组织。其他:以上 10 个行业未涉及者。

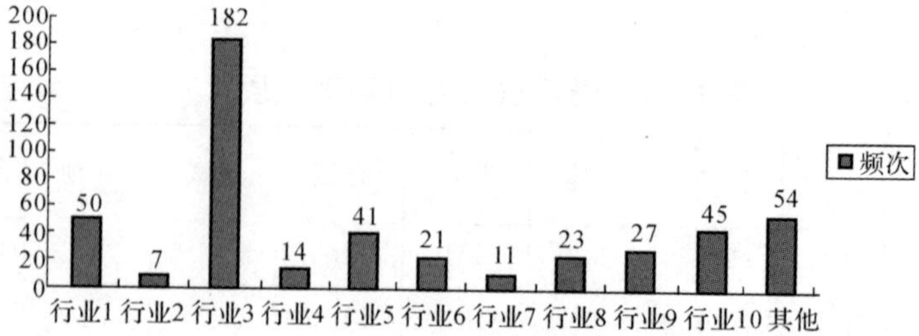

图 5-6　受访法人客户行业分布

5.2.2　法人客户缴费便利程度

针对法人客户当前缴纳电费方便程度的调查显示，全市有5.9%的受访法人客户认为目前缴费不方便，如表 5－7 和图 5－7 所示。

表 5－7　缴费方式便利程度调查

便利程度 / 项目	方便	不方便	合计
频次/次	466	29	495
比例	94.1%	5.9%	100

注：未回答"缴费方式便利程度"的受访者未计算在内。

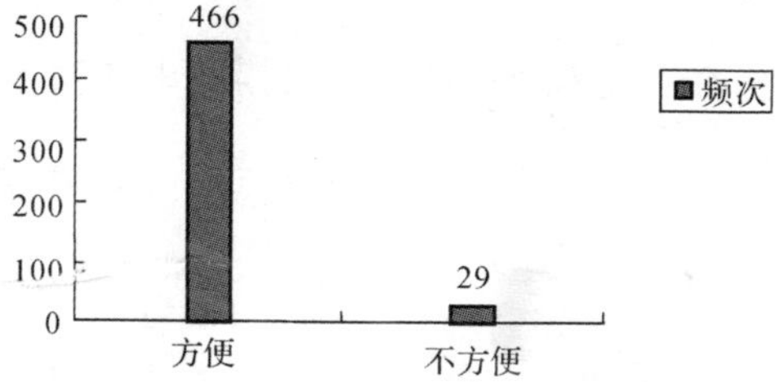

图 5－7　缴费方式便利程度调查

各区域法人客户对当前缴费的便利程度总体比较满意。C 供电分局有 9.6%的受访法人客户认为目前缴费不方便，稍高于其他区域，如表 5－8 和图 5－8 所示。

表 5－8　各区域法人客户缴费方式便利程度调查

便利程度 / 比例 / 区域	方便	不方便
C 供电分局	95.6%	4.4%
B 电力局	90.4%	9.6%
A 市区电力局	95.4%	4.6%
全市	94.1%	5.9%

注：未回答"缴费方式便利程度"的受访者未计算在内。

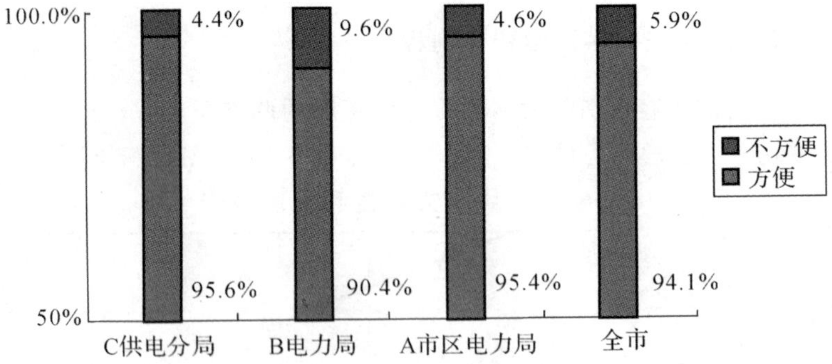

图 5-8　各区域法人客户缴费方式便利程度调查

5.2.3　受访法人客户当前经常采用的电费缴费方式

银行窗口代收电费、供电局营业网点坐收电费、银行托收电费是目前法人客户较为常用的电费缴费方式。调查显示，全市有30.9%的受访者经常到银行窗口缴纳电费，有30.7%的受访者经常到供电局营业网点缴纳电费，有26.9%的受访者采用银行托收缴费方式缴纳电费。受访者经常采用的电费缴费方式的调查结果如表5-9和图5-9所示。

表 5-9　受访者当前经常采用的电费缴费方式

缴费方式 / 项目	自助缴费机	走收	银行储蓄代扣	银行托收	供电局网点坐收	银行窗口代收
频次/次	7	54	73	134	153	154
比例	1.4%	11.0%	14.6%	26.9%	30.7%	30.9%

注：①受访者可以选择多个答案，因此比例之和不等于100%；②多选题“比例”的基数为全体有效受访者(N=499)。

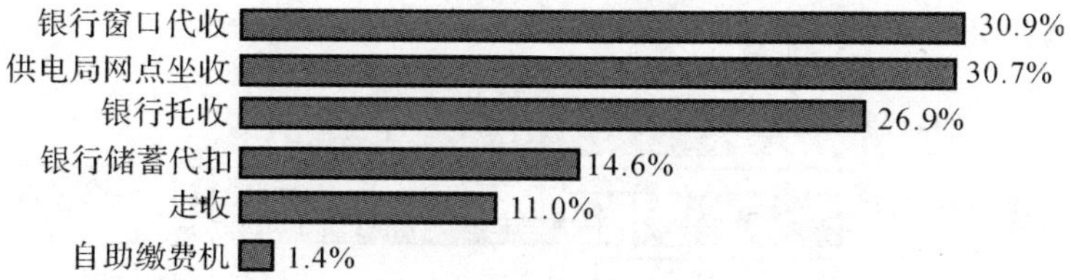

图 5 - 9　受访者当前经常采用的电费缴费方式

A 市区电力局的受访法人客户采用银行窗口代收(29.0%)、供电局营业网点坐收(24.8%)、银行托收(24.4%)等方式缴纳电费的频次比较接近;B 电力局的受访法人客户选择供电局营业网点坐收(58.8%)缴纳电费的比例显著高于其他地区;C 供电分局的受访法人客户则主要通过银行窗口代收(47.3%)、银行托收(46.2%)、银行储蓄代扣(12.9%)等方式,如表 5 - 10 和图 5 - 10 所示。

表 5 - 10　各区域受访者当前经常采用的电费缴费方式

缴费方式 / 比例 / 区域	自助缴费机	走收	银行储蓄代扣	银行托收	银行窗口代收	供电局网点坐收
C 供电分局	0	3.2%	12.9%	46.2%	47.3%	8.6%
B 电力局	0.7%	7.4%	2.9%	14.0%	25.0%	58.8%
A 市区电力局	2.3%	16.0%	21.8%	24.4%	29.0%	24.8%

受访法人客户对于上门收缴电费的工作人员的服务比较满意,满意率为 92.6%。考虑到本次调查主要是工作人员现场收取问卷的影响,未回答“对上门收缴电费工作人员服务的满意程度”的受访者按“不满意”统计,如表 5 - 11 和图 5 - 11 所示。

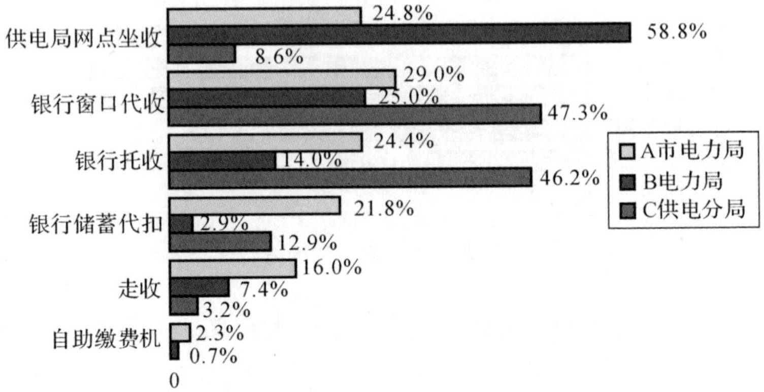

图 5－10　各区域受访者当前经常采用的电费缴费方式

表 5－11　法人客户对上门收缴电费工作人员服务的满意度

满意程度 / 项目	满意	不满意	合计
频次/次	462	37	499
比例	92.6%	2.0%	100%

注:未回答"对上门收缴电费工作人员服务的满意程度"的受访者按"不满意"统计。

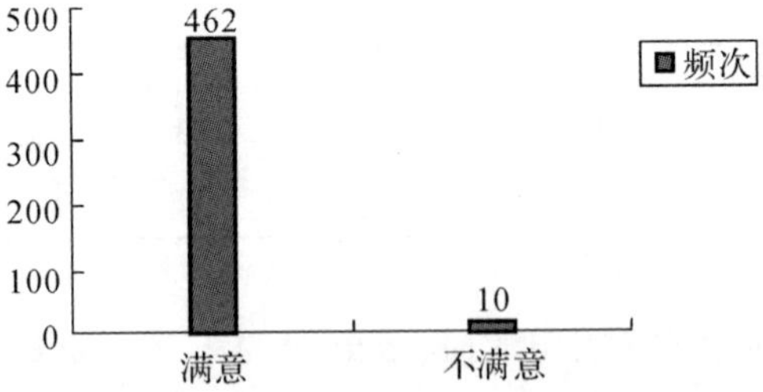

图 5－11　法人客户对上门收缴电费工作人员服务的满意度

各区域受访法人客户对于上门收缴电费的工作人员的服务比较满意,B 电力局的受访法人客户的满意度略低于其他地区,见表

5－12 和图 5－12 所示。

表 5－12　各区域法人客户对上门收缴电费工作人员服务的满意度

满意程度 比例 区域	满意	不满意
C 供电分局	93.5%	6.5%
B 电力局	87.5%	12.5%
A 市区电力局	94.7%	5.3%
全市	92.6%	7.4%

注：未回答“对上门收缴电费工作人员服务的满意程度”的受访者按“不满意”统计。

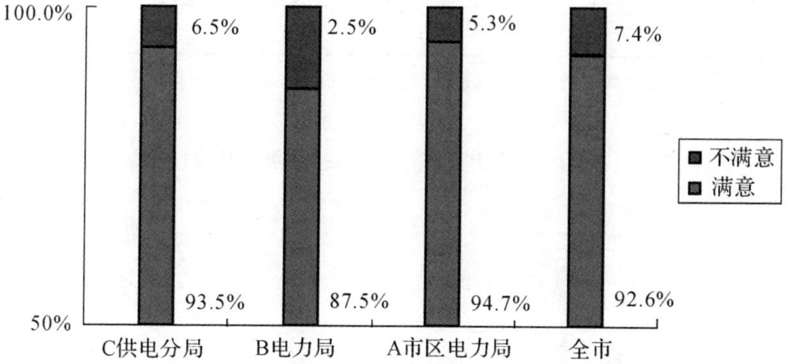

图 5－12　各区域法人客户对收缴电费服务的满意度

1. 供电局营业厅缴费方式

针对供电局营业厅缴费方式的调查显示，受访者普遍认为通过供电局营业网点缴纳电费比较便捷（回答“不方便”的比例为 2.5%），对供电工作人员服务态度较为满意（回答“不满意”的比例为 1.3%），但有 5.8% 的受访者认为缴费排队等待时间太长，见表5－13。

表 5－13　供电局营业厅缴费方式调查

	选项	频次/次	比例
缴费便利程度	方便	348	71.2%
	一般	129	26.4%
	不方便	12	2.5%
供电局工作人员服务态度	非常满意	292	61.1%
	基本满意	180	37.7%
	不满意	6	1.3%
缴费等待时间	较短	212	45.8%
	能接受	224	48.4%
	太长	27	5.8%

注：部分选项为空的问卷只统计已回答部分，故各题频次之和不相等。

(1)便利程度。供电局营业厅缴费便利程度如图 5－13 所示。

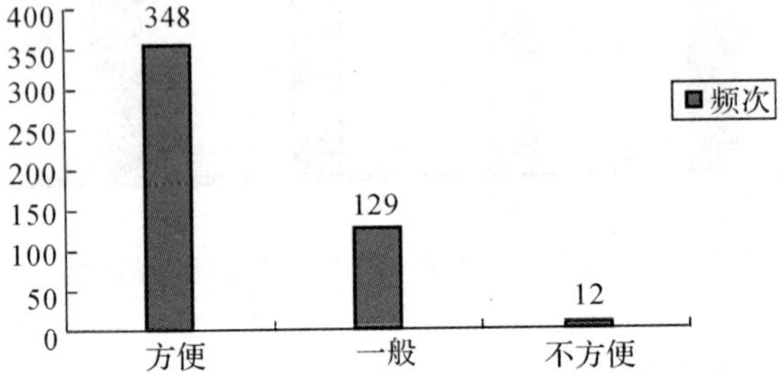

图 5－13　供电局营业厅缴费便利程度

B 电力局的受访法人客户认为通过营业厅缴费不方便的比例高于其他地区，认为方便的比例低于其他地区，各区域供电局营业厅缴费便利程度情况如表 5－14 和图 5－14 所示。

表5-14　各区域供电局营业厅缴费便利程度调查

方便程度/比例/区域	方便	一般	不方便
C供电分局	82.8%	17.2%	
B电力局	55.6%	36.8%	7.5%
A市区电力局	74.3%	24.9%	0.8%
全市	71.2%	26.4%	2.4%

注:①由于四舍五入,数据之和不等于100%;②未回答"供电局营业厅缴费方便程度"的受访者未计算在内。

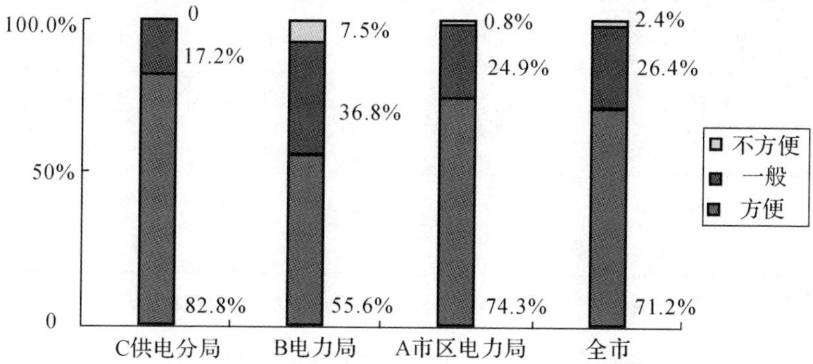

图5-14　各区域供电局营业厅缴费便利程度

(2)服务态度满意度。受访者对供电局营业厅缴费工作人员服务态度满意度如图5-15所示。

相对于其他区域,B电力局的受访法人客户对供电局营业厅工作人员态度"不满意"的比例为4.1%,高于其他地区;"非常满意"的比例为39.6%,低于其他地区。受访者对各区域供电局营业厅工作人员服务态度满意度情况如表5-15和图5-16所示。

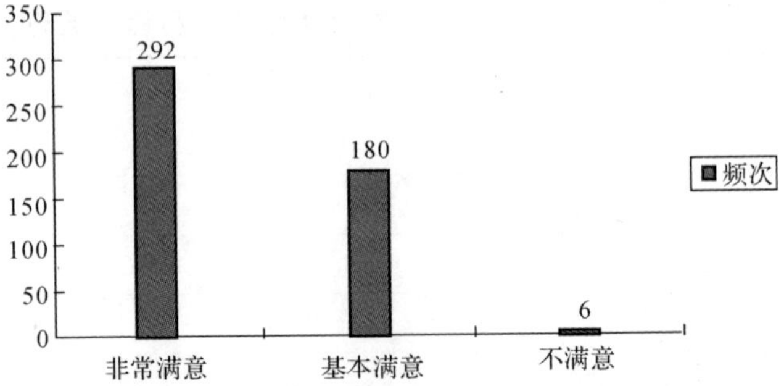

图 5－15　受访者对供电局营业厅缴费工作人员服务态度满意度

表 5－15　受访者对各区域供电局营业厅工作人员服务态度满意度调查

满意程度 比例 区域	非常满意	基本满意	不满意
C 供电分局	72.0%	28.0%	
B 电力局	39.6%	56.6%	4.1%
A 市区电力局	66.4%	33.2%	0.4%
全市	61.1%	37.7%	1.3%

注：未回答"供电局营业厅工作人员服务态度"的受访者未计算在内。

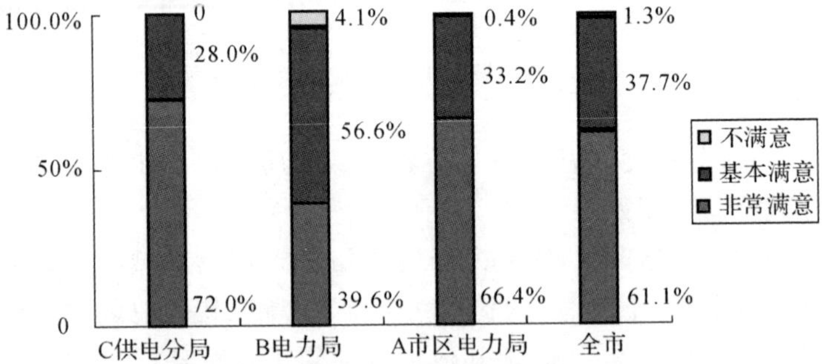

图 5－16　受访者对各区域供电局营业厅工作人员服务态度满意度

(3)排队等待时间。供电局营业厅缴费等待时间如图 6－17 所示。

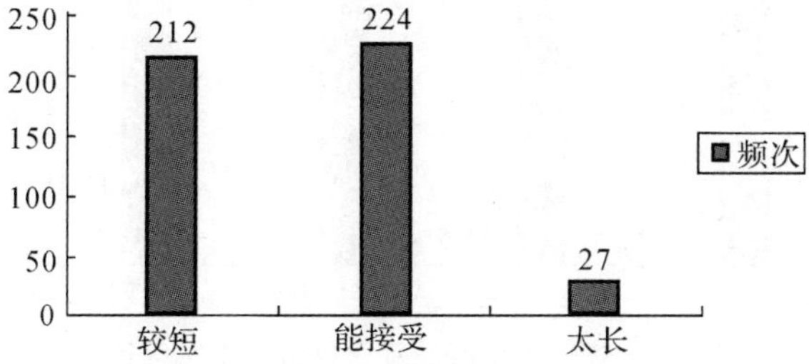

图 5－17　供电局营业厅缴费等待时间

相对于其他区域,B 电力局的受访法人客户认为通过供电局营业厅排队等待时间“太长”的比例为 12.8%,高于其他地区;认为“较短”的比例为 31.6%,低于其他地区。各区域供电局营业厅缴费排队等待时间情况如表 5－16 和图 5－18 所示。

表 5－16　各区域供电局营业厅缴费排队等待时间调查

等待时间 / 比例 / 区域	较短	能接受	太长
C 供电分局	57.1%	40.7%	2.2%
B 电力局	31.6%	55.6%	12.8%
A 市区电力局	47.0%	49.0%	4.0%
全市	45.8%	48.4%	5.8%

注:未回答“供电局营业厅缴费排队等待时间”的受访者未计算在内。

2.银行托收缴费方式

针对银行托收缴纳电费的调查显示,有 59.5%的受访法人客户认为通过银行托收缴纳电费较为方便,对于银行工作人员服务态度“非常满意”或“基本满意”的比例为 89.4%,见表 5－17。

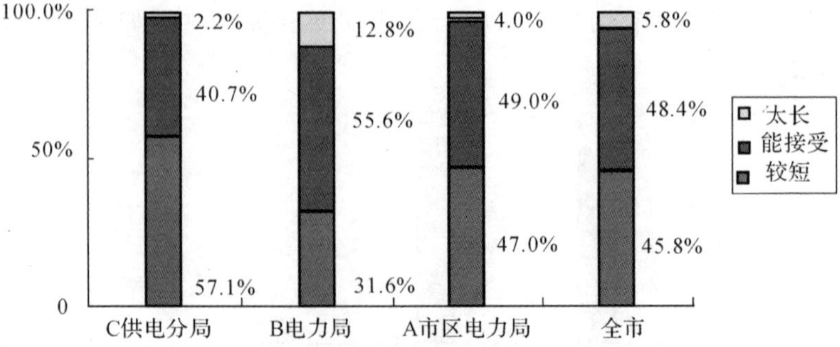

图 5－18 各区域供电局营业厅缴费排队等待时间

表 5－17 银行托收缴费方式调查

	选项	频次	比例
缴费便利程度	方便	287	59.5%
	一般	162	33.6%
	不方便	33	6.8%
银行工作人员服务态度	非常满意	148	31.9%
	基本满意	267	57.5%
	不满意	49	10.6%

注：①由于四舍五入，数据之和不等于100%；②部分选项为空的受访者只统计已回答部分，故各题频次之和不相等。

(1)便利程度。银行托收缴费便利程度如图 5－19 所示。

A 市区电力局的受访者中认为通过银行托收缴费较为方便的比例为 69.8%，不方便的比例仅为 1.6%，各区域银行托收缴费便利程度情况如表 5－18 和图 5－20 所示。

(2)服务态度满意度。受访者对银行托收缴费工作人员服务态度满意度，如图 5－21 所示。

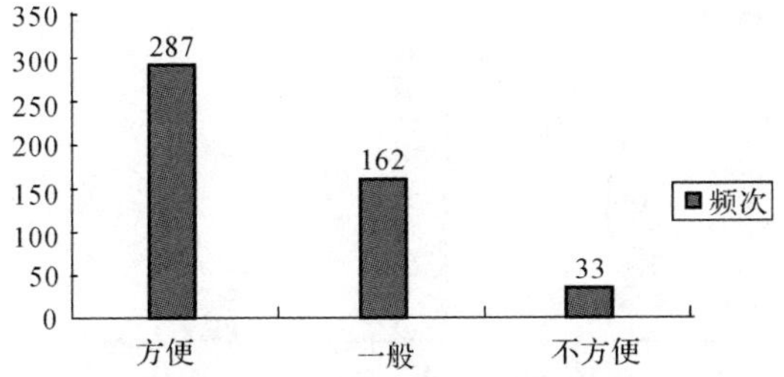

图 5-19　银行托收缴费便利程度

表 5-18　各区域银行托收缴费便利程度调查

方便程度 / 比例 / 区域	方便	一般	不方便
C 供电分局	55.4%	27.2%	17.4%
B 电力局	41.0%	49.6%	9.7%
A 市区电力局	69.8%	28.6%	1.6%
全市	59.5%	33.6%	6.8%

注：①由于四舍五入，数据之和不等于 100%；②未回答“银行托收缴费方便程度”的受访者未计算在内。

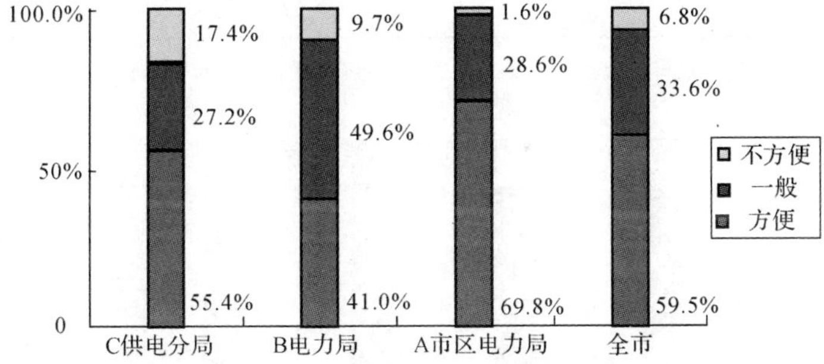

图 5-20　各区域银行托收缴费便利程度

A 市区电力局的受访者对银行托收电费工作人员服务态度的满意度显著高于其他地区。受访者对各区域银行托收电费工作人员服务态度满意度情况如表 5-19 和图 5-22 所示。

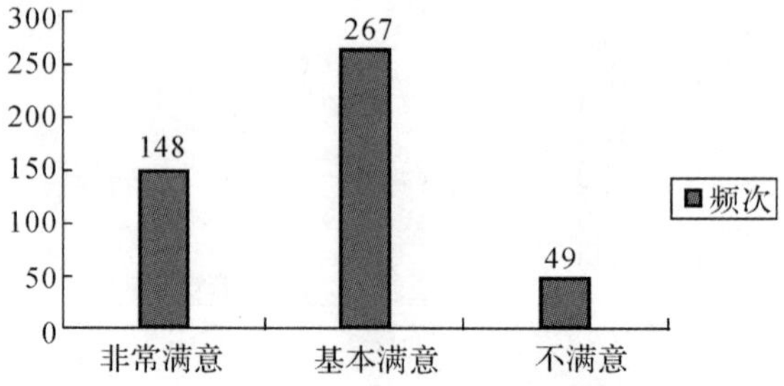

图 5－21　银行托收缴费客户满意程度

表 5－19　受访者对各区域银行托收电费工作人员服务态度满意度调查

满意程度 / 比例 / 区域	非常满意	基本满意	不满意
C 供电分局	28.6%	52.7%	18.7%
B 电力局	11.2%	74.4%	14.4%
A 市区电力局	42.9%	52.1%	5.0%
全市	31.9%	57.5%	10.6%

注：未回答“银行托收电费工作人员服务态度”的受访者未计算在内。

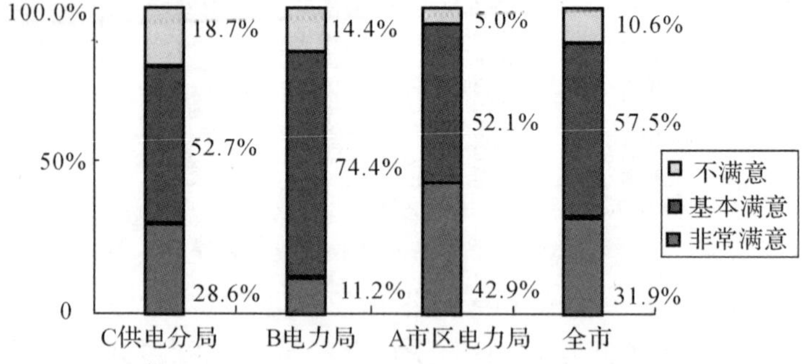

图 5－22　各区域银行托收电费工作人员服务态度

3. 网上银行缴费方式(见表 5－20)

表 5－20　网上银行缴费方式调查

	选项	频次	比例
缴费便捷程度	方便	311	65.9%
	一般	114	24.2%
	不方便	47	10.0%
资金安全性	很安全	120	26.4%
	不安全	115	25.3%
	不清楚	220	48.4%
是否会选择使用	当然会用	107	25.2%
	可能使用	227	53.4%
	不使用	91	21.4%

注:①由于四舍五入,数据之和不等于 100%;②部分选项为空的受访者只统计已回答部分,故各题频次之和不相等。

(1)便利程度。网上银行缴费便利程度如图 5－23 所示。同时,各区域网上银行缴费便利程度情况如表 5－21 和图 5－24 所示。

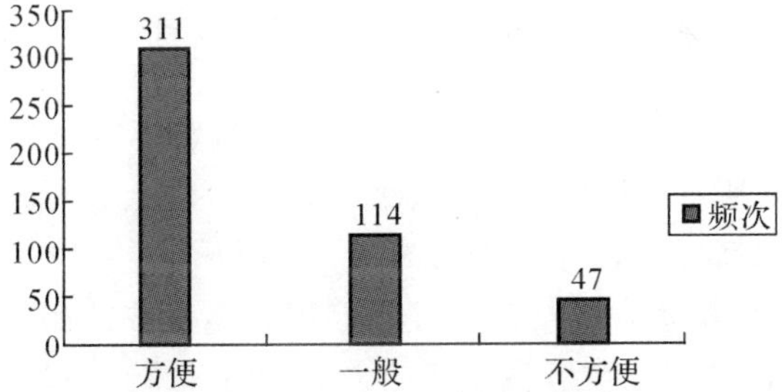

图 5－23　网上银行缴费便利程度

表 5-21 各区域网上银行缴费便利程度调查

比例 满意程度 区域	方便	一般	不方便
C 供电分局	65.2%	13.0%	21.7%
B 电力局	64.1%	28.2%	7.6%
A 市区电力局	66.3%	26.7%	7.0%
全市	65.9%	24.2%	10.0%

注:①由于四舍五入,数据之和不等于 100%;②未回答“网上银行缴费方便程度”的受访者未计算在内。

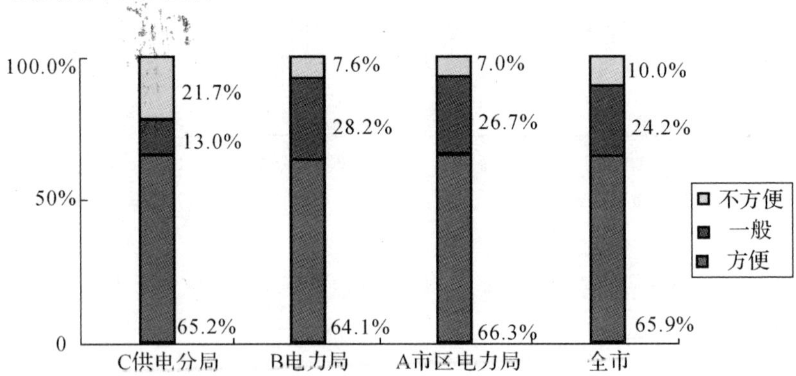

图 5-24 各区域网上银行缴费便利程度

(2)资金安全。法人客户对网上银行缴费资金安全性的认识,如图 5-25 所示。同时,各区域法人客户对网上银行缴费资金安全性的认识情况如表 5-22 和图 5-26 所示。

(3)接受程度。法人客户对网上银行缴费方式的接受度如图 5-27 所示。同时,各区域法人客户对网上银行缴费方式接受度的情况如表 5-23 和图 5-28 所示。

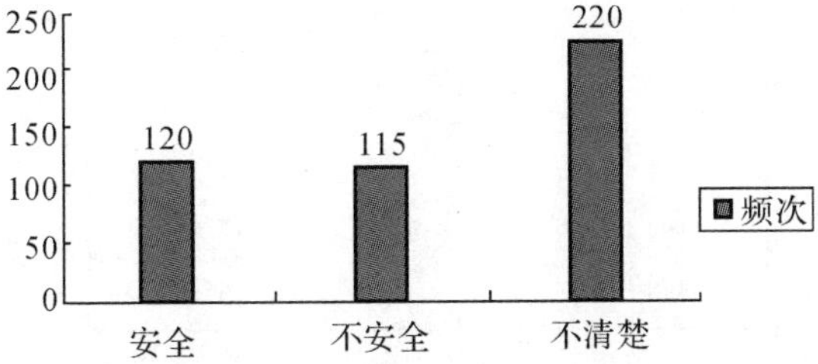

图 5-25　法人客户对网上银行缴费资金安全性的认识

表 5-22　各区域法人客户对网上银行缴费资金安全性的认识

资金安全性 比例 区域	安全	不安全	不清楚
C 供电分局	5.9%	37.6%	56.5%
B 电力局	15.4%	23.1%	61.5%
A 市区电力局	38.7%	22.6%	38.7%
全市	26.4%	25.3%	48.4%

注:未回答"网上银行缴费资金安全性"的受访者未计算在内。

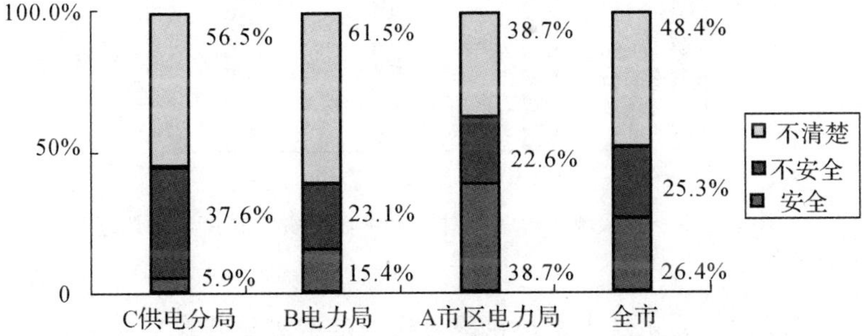

图 5-26　各区域法人客户对网上银行缴费资金安全性的认识

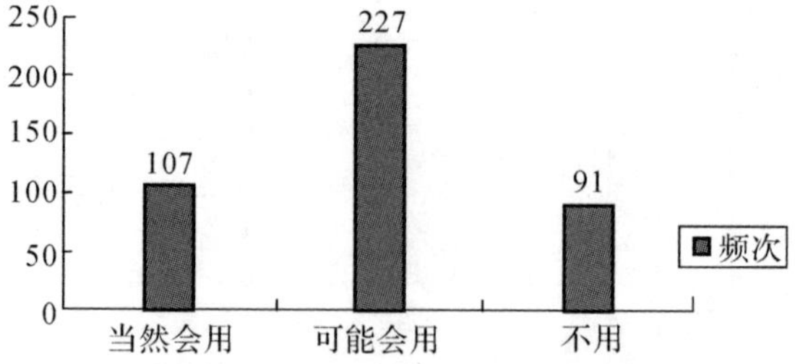

图 5-27　法人客户对网上银行缴费方式的接受度

表 5-23　各区域法人客户对网上银行缴费方式接受度调查

比例　接受者 区域	当然会用	可能会用	不用
C 供电分局	6.5%	66.2%	27.3%
B 电力局	14.5%	74.1%	11.1%
A 市区电力局	35.7%	39.2%	25.1%
全市	25.2%	53.4%	21.4%

注：未回答"是否接受网上银行缴费方式"的受访者未计算在内。

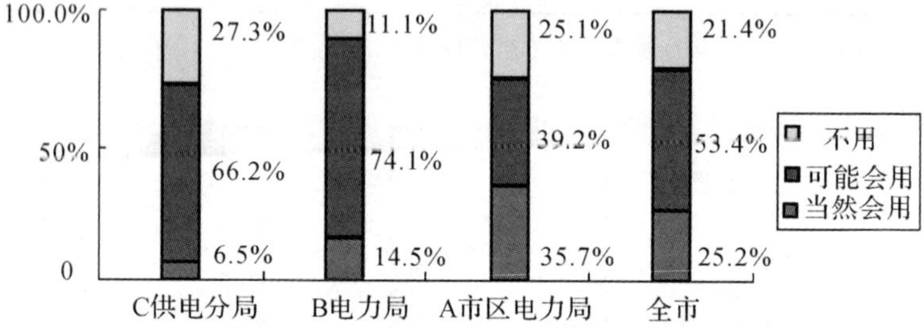

图 5-28　各区域法人客户对网上银行缴费方式接受度调查

5.2.4　受访法人客户希望采用的电费缴费方式

受访法人最希望通过银行窗口代收(40.3%)、供电局营业厅坐收(32.7%)、银行托收(26.5%)等方式缴纳电费(见表 5－24、图 5－29)。考虑到银行网点分布的广泛及法人客户到银行办理相关业务的频繁,因此通过银行办理电费缴纳业务对于法人客户显得比较便捷。

表 5－24　受访者希望采用的电费缴费方式

缴费方式＼项目	联收	自助缴费机	负控购电	网上缴费	电话银行	手机银行	电费充值卡	银行储蓄代扣	银行托收	供电局营业厅坐收	银行窗口代收
频次/次	6	10	19	31	33	38	62	75	132	163	202
比例	1.2%	2.0%	3.8%	6.2%	6.6%	7.6%	12.4%	15.0%	26.5%	32.7%	40.3%

注:①受访者可以选择多个答案,因此比例之和不等于 100%;②多选题“比例”的基数为全体有效受访者($N=499$)。

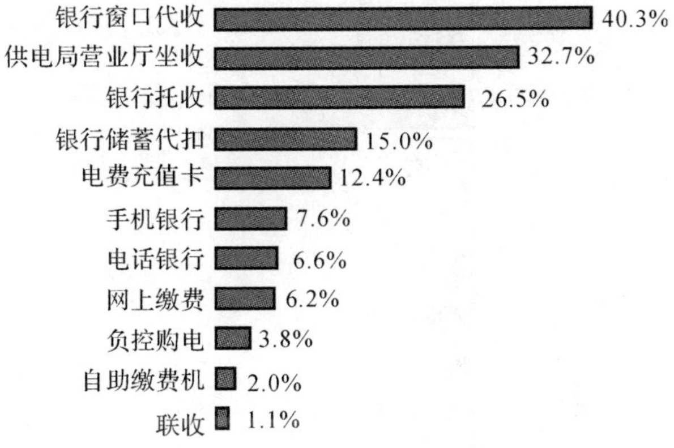

图 5－29　受访者希望采用的电费缴费方式

A 市区电力局的受访法人客户最希望通过银行窗口代收(37.0%)、银行托收(34.0%)等方式缴纳电费,B 电力局的受访法人客户最希望通过供电局营业厅坐收方式(60.3%)缴纳电费,C 供电分局的受访法人客户最希望通过银行窗口代收方式(66.7%)缴纳电费(见表 5－25,图 5－30)。

表 5－25　各区域法人客户希望采用的电费缴费方式

缴费方式 比例 区域	联收	自助缴费机	负控购电	网上缴费	电话银行	手机银行	电费充值卡	银行储蓄代扣	银行托收	供电局营业厅坐收	银行窗口代收
C供电分局	1.1%	1.1%	16.1%	6.5%	3.2%	2.2%	21.5%	19.4%	34.4%	7.5%	66.7%
B电力局	2.2%	0.7%	0	9.6%	2.2%	0.7%	0	9.6%	7.4%	60.3%	30.1%
A市区电力局	0.8%	3.1%	1.5%	3.8%	10.3%	13.4%	16.0%	16.4%	34.0%	27.5%	37.0%

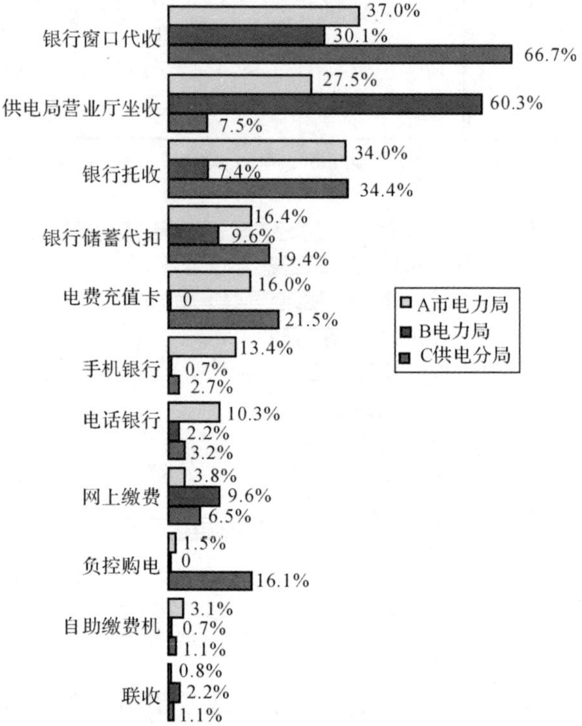

图 5－30　各区域法人客户希望采用的电费缴费方式

5.2.5　法人客户欠费

法人客户欠费情况调查显示，法人客户欠费的主要原因是忘记缴费时间和资金周转不开，同时，有70%以上的受访者认为欠费停电是解决企业欠费的有效途径。

1. 欠费经历

如表5－26和图5－31所示为法人客户经历调查中“是否有拖欠电费经历”的统计频次和比例。

表5－26　法人客户欠费经历调查

欠费经历 / 项目	是	否
频次/次	63	423
比例	13.0%	87.0%

注：未回答“是否有欠费经历”的受访者未计算在内。

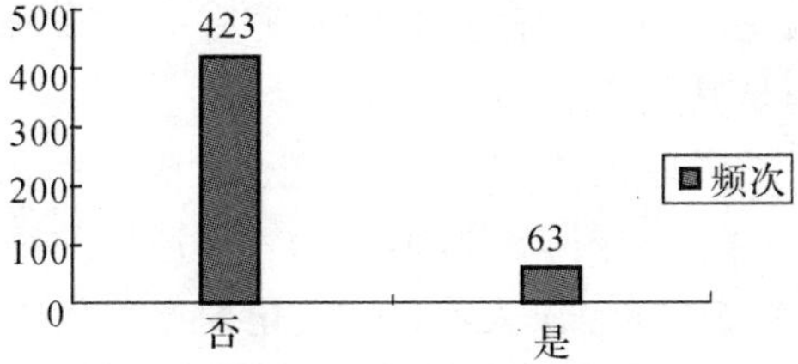

图5－31　是否有拖欠电费经历

如图5－27和图5－32所示为法人客户欠费经历调查中“是否有拖欠电费经历”在不同区域的统计比例。

表5－27　各区域法人客户欠费经历调查

欠费经历 / 比例 / 区域	是	否
C供电分局	22.2%	77.8%
B电力局	9.6%	90.4%
A市区电力局	11.9%	88.1%
全市	13.0%	87.0%

注：未回答“是否有欠费经历”的受访者未计算在内。

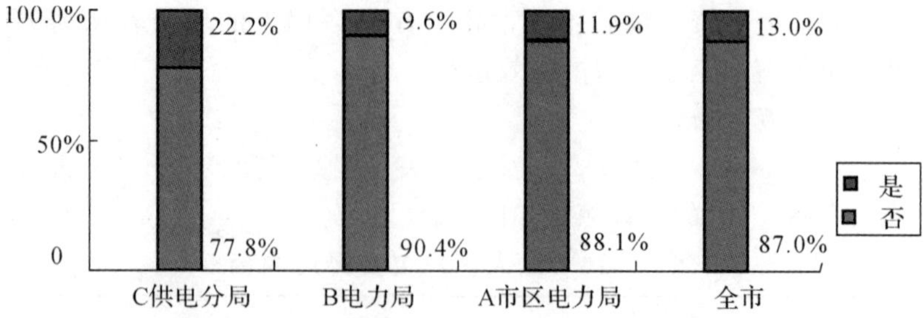

图 5－32　各区域法人客户欠费经历调查

2. 欠费原因

关于法人客户欠费原因的调查显示，近一半的受访者选择欠费的主要原因是忘记缴费截止时间。另有 39.2％的受访者认为资金周转不开是其欠费的主要原因。

拟定的欠费原因包括“忘记缴纳截止时间”“资金周转不开”和“其他”，如表 5－28 和图 5－33 所示为不同原因的统计结果。

表 5－28　法人客户拖欠电费原因调查

欠费原因 / 项目	忘记缴纳截止时间	资金周转不开	其他	合计
频次/次	144	107	22	273
比例	52.7％	39.2％	8.1％	100％

注：包括欠费经历为“无”，但回答欠费原因的数据。

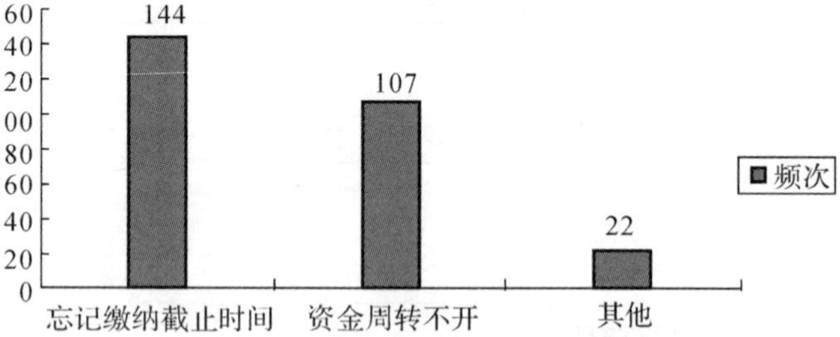

图 5－33　法人客户拖欠电费原因调查

如表 5 - 29 和图 5 - 34 所示为法人客户欠费原因的调查中不同原因在不同区域的比例。

表 5 - 29　各区域法人客户拖欠电费原因调查

比例 欠费经历 区域	忘记缴纳截止时间	资金周转不开	其他
C 供电分局	11.9%	83.3%	4.8%
B 电力局	58.7%	33.4%	7.9%
A 市区电力局	58.8%	31.8%	9.4%
全市	52.7%	39.2%	8.1%

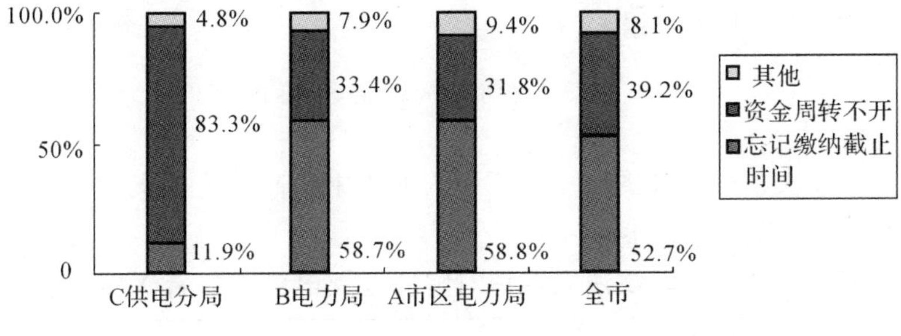

图 5 - 34　各区域法人客户拖欠电费原因调查

3. 欠费解决办法

拟定的拖欠电费问题解决方案包括“上级主管问责”“控制用电规模”“第三方担保”“负控购电”“法律手段”和“欠费停电”，如表 5 - 30 和图 5 - 35 所示为调查中不同解决方案所占的统计频次和比例。

表 5-30 拖欠电费问题解决方案调查

解决方案 / 项目	上级主管单位问责	控制用电规模	第三方担保	负控购电	法律手段	欠费停电
频次/次	11	25	37	93	153	352
比例	2.2%	5.0%	7.4%	18.6%	30.7%	70.5%

注:①受访者可以选择多个答案,因此比例之和不等于100%;②多选题"比例"的基数为全体有效受访者(N=499)。

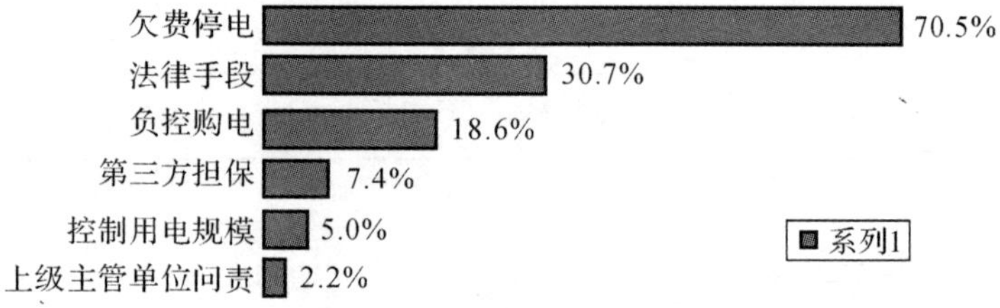

图 5-35 拖欠电费问题解决方案调查

如表 5-31 和图 5-36 所示为调查中不同解决方案在不同区域中所占的统计比例。

表 5-31 各区域法人客户对解决拖欠电费问题看法的调查

解决方案 / 区域	上级主管单位问责	控制用电规模	第三方担保	负控购电	法律手段	欠费停电
C供电分局	2.2%	2.2%	9.7%	20.4%	30.1%	78.5%
B电力局	2.2%	4.4%	8.1%	17.6%	33.1%	69.9%
A市区电力局	2.3%	6.5%	6.5%	19.1%	30.5%	69.8%
全市	2.2%	5.0%	7.4%	18.6%	30.7%	70.5%

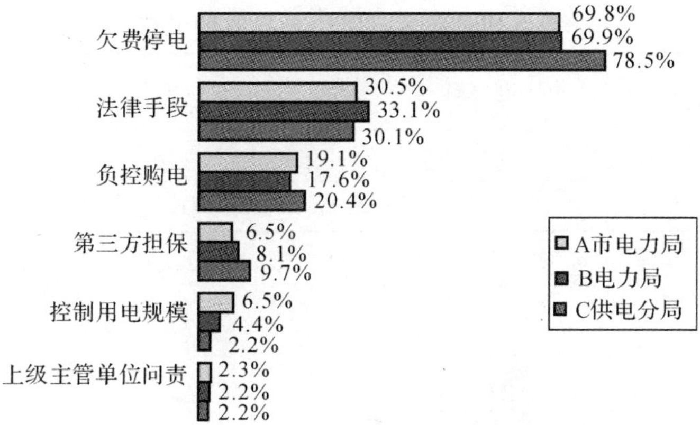

图 5-36 各区域法人客户对解决拖欠电费问题看法的调查

5.3 居民客户调查问卷信息统计分析

5.3.1 受访居民客户背景情况

居民客户缴费方式满意度调查问卷共 18 个题目,主要内容包括:居民客户当前经常采用的缴费方式调查,居民客户希望的缴费方式调查以及欠费原因调查。在问卷处理过程中,题目回答率超过 80%且无明显逻辑错误的问卷仍按合格问卷纳入统计结果。本次调查共获得居民客户有效调查问卷 286 份,其中:A 市区电力局 153 份(占 53.5%),B 电力局 100 份(占 35.0%),C 供电分局 33 份(占 11.5%),如表 5-32 和图 5-37 所示。从最终调查结果来看,A 市区电力局和 B 电力局抽样统计结果较为一致。C 供电分局的受访者数量相对较少,因此,问卷统计结果与 A 市区电力局、B 电力局的一致性稍差。统计结果中,“全市”指有效受访居民客户(N=286)中回答相应题目的受访居民客户。

表 5 - 32　受访居民客户区域分布

项目＼区域	A 市区电力局	B 电力局	C 供电分局	合计
频次/次	153	100	33	286
比例	53.5%	35.0%	11.5%	100%

注:全部有效受访居民客户数量为 286(*N*=286)。

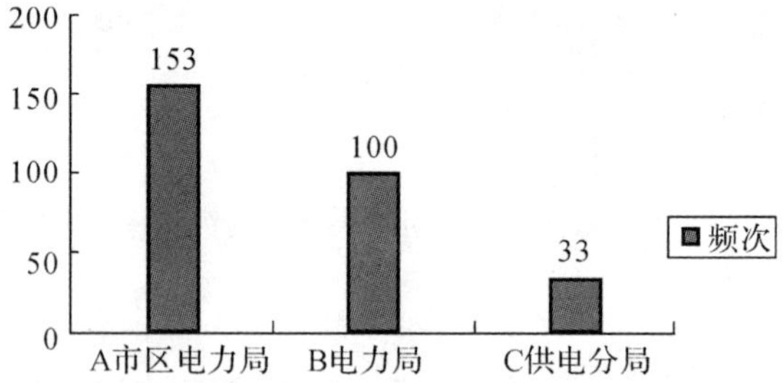

图 5 - 37　受访居民客户区域分布

受访居民客户中,月电费在 200 元以上的占 17.9%,月电费在 100～200 元之间的客户占 28.7%,月电费在 50～100 元之间的占 38.4%,月电费小于 50 元的占 15.1%,如表 5 - 33 和图 5 - 38所示。

表 5 - 33　参与调查的居民客户月电费情况

项目＼月电费金额	200 元以上	100～200 元	50～100 元	50 元以下	合计
频次/次	50	80	107	42	279
比例	17.9%	28.7%	38.4%	15.1%	100%

注:未回答"月均电费"的受访者未计算在内。

A 市区电力局的受访居民客户月均电费在 100～200 元之间的比例为 41.6%,明显高于其他区域,如表 5 - 34 和图 5 - 39 所示。

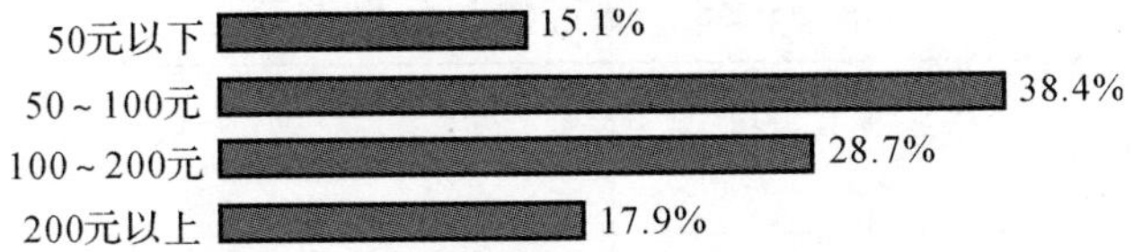

图 5－38　参与调查的居民客户月电费分布

表 5－34　参与调查的各区域居民客户月电费情况

月电费金额 / 比例 / 区域	200 元以上	100～200 元	50～100 元	50 元以下
C 供电分局	14.7％	20.6％	58.8％	5.9％
B 电力局	27.8％	11.3％	45.4％	15.5％
A 市区电力局	12.1％	41.6％	29.5％	16.8％
全市	17.9％	28.7％	38.4％	15.1％

注：未回答“月均电费”的受访者未计算在内。

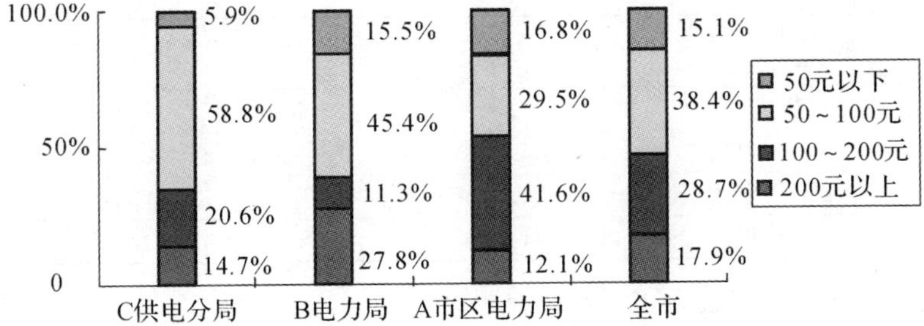

图 5－39　参与调查的各区域居民客户月电费分布

5.3.2　满意度及缴费距离调查

针对居民客户当前交纳电费便利程度的调查显示，全市有 20.5％的受访居民客户认为目前缴费不方便（见表 5－35、图5－40）。

表 5-35　缴费便利程度调查

便利程度 项目	方便	一般	不方便	合计
频次/次	87	130	56	273
比例	31.9%	47.6%	20.5%	100%

注：未回答“缴费便利程度”的受访者未计算在内。

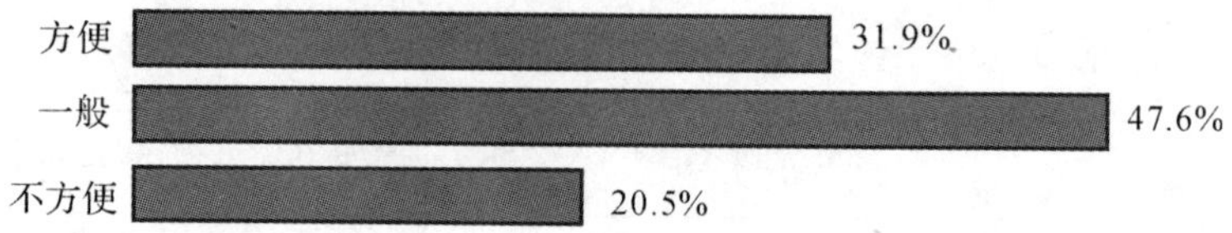

图 5-40　缴费便利程度调查

A 市区电力局和 C 供电分局分别有 26.5%和 36.4%的受访居民客户认为目前缴费不方便(见表 5-36、图 5-41)。

表 5-36　各区域居民电费缴费便利程度

便利程度 比例 区域	方便	一般	不方便
C 供电分局	30.3%	33.3%	36.4%
B 电力局	35.1%	58.5%	6.4%
A 市区电力局	29.9%	43.5%	26.5%
全市	31.9%	47.6%	20.5%

注：未回答“缴费便利程度”的受访者未计算在内。

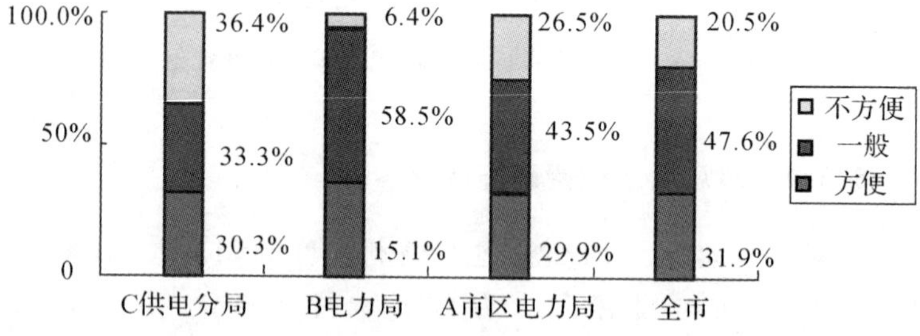

图 5-41　各区域居民缴费便利程度

对居民客户平均缴费距离的调查显示，全市仅有 22.6%的受访客户的缴费距离处于 500 m 以内，仍有 12.9%的受访客户的缴费距离其生活工作地 2 000 m 以外，具体如表 5－37 和图 5－42 所示。同时，A 市区电力局受访客户的缴费距离处于 500 m 以内仅占 23.8%，相对于城区“交费距离不超过 500 m”的目标，显然 A 市供电局当前电费缴费方式的规划、布局仍需要进一步优化配置。

表 5－37　受访居民客户缴费距离

缴费距离 / 项目	500 m 以内	500～1 000 m	1 000～2 000 m	2 000 m 以外	合计
频次/次	63	101	79	36	279
比例	22.6%	36.2%	28.3%	12.9%	100%

注：未回答“缴费距离”的受访者未计算在内。

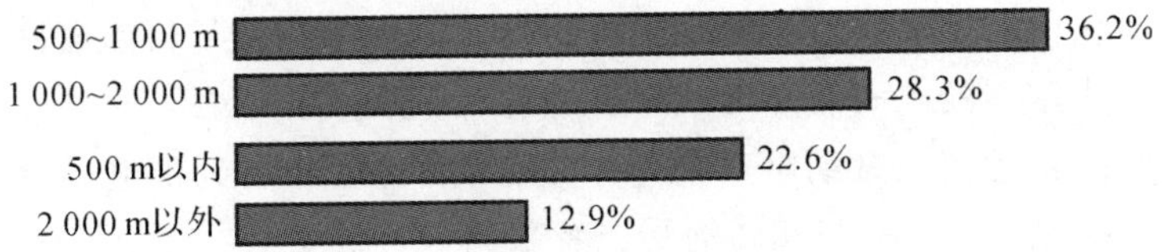

图 5－42　受访居民客户缴费距离

A 市区电力局的受访者的缴费距离在 1 000 m 以内的比例为 59.6%，B 电力局为 65.6%，C 供电分局为 33.4%（见表5－38、图5－43）。

表 5－38　各区域受访居民客户缴费距离调查

缴费距离 / 比例 / 区域	500 m 以内	500～1 000 m	1 000～2 000 m	2 000 m 以外
C 供电分局	15.2%	18.2%	42.4%	24.2%
B 电力局	22.9%	42.7%	29.2%	5.2%
A 市区电力局	23.8%	35.8%	25.2%	15.2%
全市	22.6%	36.2%	28.3%	12.9%

注：未回答“缴费距离”的受访者未计算在内。

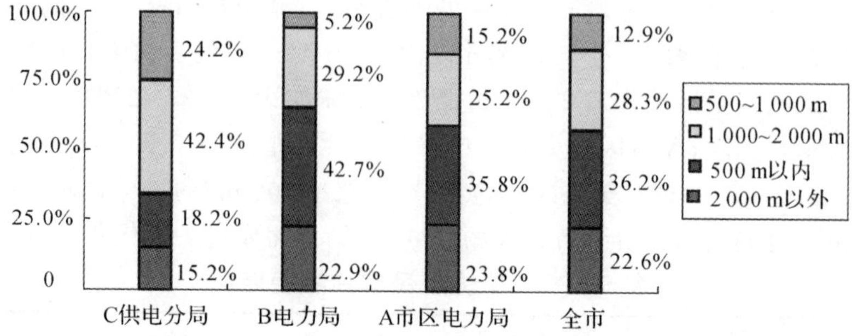

图 5-43 各区域居民缴费距离调查

5.3.3 受访居民客户当前经常使用的电费缴费方式

供电局营业网点坐收电费和银行窗口代收电费是目前居民客户较为常用的电费缴费方式。调查显示，全市有 54.2%的受访者经常到银行窗口缴纳电费，有 41.3%的受访者经常到供电局营业网点缴纳电费，有 25.5%的受访者采用银行储蓄代扣缴费方式缴纳电费。受访者经常采用的电费缴费方式的调查结果如表 5-39 和图 5-44 所示。

表 5-39 当前经常采用的电费缴费方式

缴费方式 项目	自助缴费机	IC 卡购电	银行储蓄代扣	供电局网点坐收	银行窗口代收
频次/次	28	31	73	118	155
比例	9.8%	10.8%	25.5%	41.3%	54.2%

注：①受访者可以选择多个答案，因此比例之和不等于 100%；②多选题“比例”的基数为全体有效受访者（N=286）。

银行窗口代收、供电局营业厅坐收和银行储蓄代扣是 A 市区电力局、B 电力局、C 供电分局的受访者经常采用的缴费方式。A

市区电力局的受访者最经常使用的缴费方式为供电局网点坐收（占 45.1%），B 电力局和 C 供电分局的受访者最经常采用的缴费方式为银行窗口代收（分别为 66.0%和 61.8%），如表 5－40 和图 5－45所示。

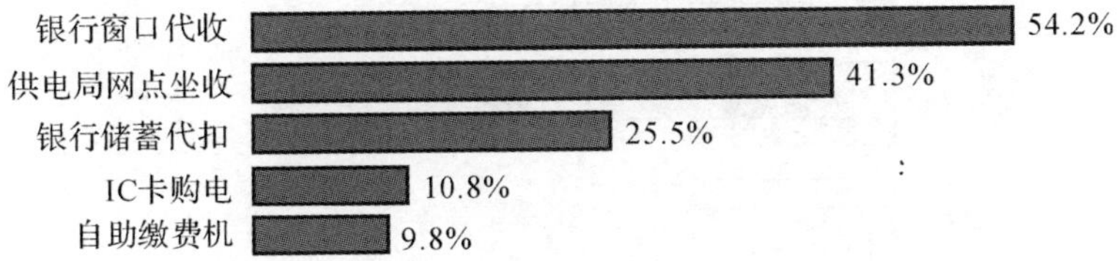

图 5－44　受访者当前经常采用的电费缴费方式

表 5－40　各区域受访居民客户经常当前经常采用的电费缴费方式

区域＼比例＼缴费方式	自助缴费机	IC 卡购电	银行储蓄代扣	供电局网点坐收	银行窗口代收
C 供电分局			11.8%	38.2%	61.8%
B 电力局			49.0%	32.0%	66.0%
A 市区电力局	17.6%	17.0%	25.5%	45.1%	15.0%

注：①目前仅 A 市区电力局开通 IC 卡购电、自助缴费机缴费方式；②受访者可以选择多个答案，因此比例之和不等于 100%；③多选题“比例”的基数为全体有效受访者（N＝286）。

1. 供电局营业厅缴费方式

针对供电局营业厅缴费方式的调查显示，受访者普遍认为通过供电局营业网点缴纳电费比较便捷（回答“不方便”的比例为 9.7%），对供电工作人员服务态度较为满意（回答“不满意”的比例为 5.5%），但有 23.3%的受访者认为缴费排队等待时间太长（见表5－41）。一方面，供电局营业厅缴费是当前 A 市供电局客户缴费的主要方式之一，另一方面客户排队等待时间较长。

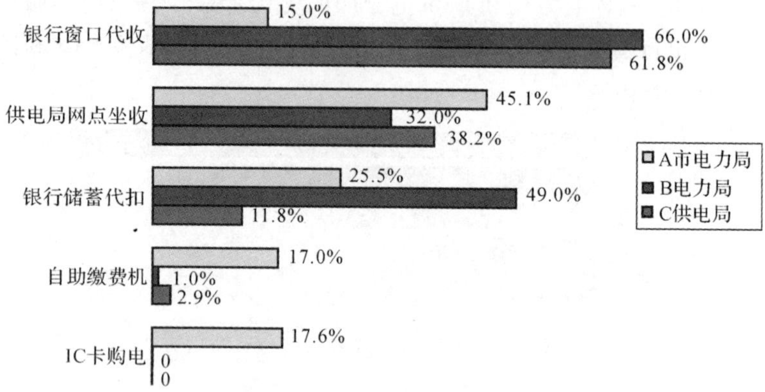

图 5-45　各区域受访居民客户经常当前经常采用的电费缴费方式

表 5-41　供电局营业厅缴费方式调查

	选项	频次	比例
缴费便利程度	方便	129	46.2%
	一般	123	44.1%
	不方便	27	9.7%
供电局工作人员服务态度	非常满意	81	31.9%
	基本满意	159	62.6%
	不满意	14	5.5%
缴费排队等待时间	较短	74	26.9%
	能接受	137	49.8%
	太长	64	23.3%

注：部分选项为空的问卷只统计已回答部分，故各题频次之和不相等。

(1)便利程度。供电局营业厅缴费便利程度如图 5-46 所示。

图 5－46　供电局营业厅缴费便利程度

相对于其他区域，A 市区电力局有 14.5％的受访者认为通过供电局营业厅缴纳电费不方便，比例偏高（见表 5－42、图 5－47）。

表 5－42　各区域供电局营业厅缴费方便程度调查

比例　方便程度 区域	方便	一般	不方便
C 供电分局	56.2％	40.6％	3.1％
B 电力局	29.5％	66.3％	4.2％
A 市区电力局	54.6％	30.9％	14.5％
全市	46.2％	44.1％	9.7％

注：①由于四舍五入，数据之和不等于 100％；②未回答“供电局营业厅缴费方便程度”的受访者未计算在内。

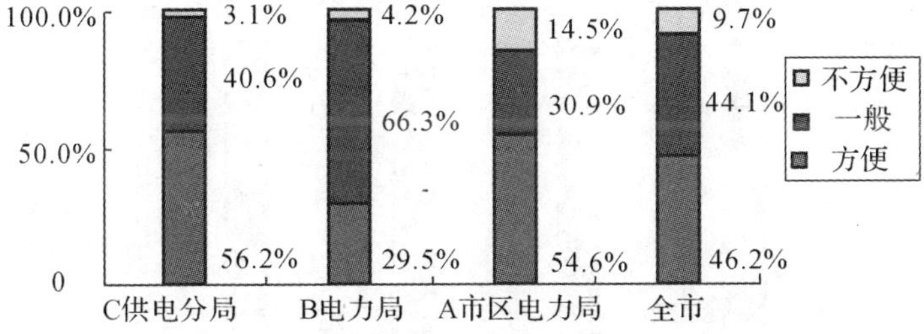

图 5－47　各区域供电局营业厅缴费方便程度

（2）服务态度满意度。受访者对供电局营业厅缴费工作人服务态度满意度如图 5 - 48 所示。

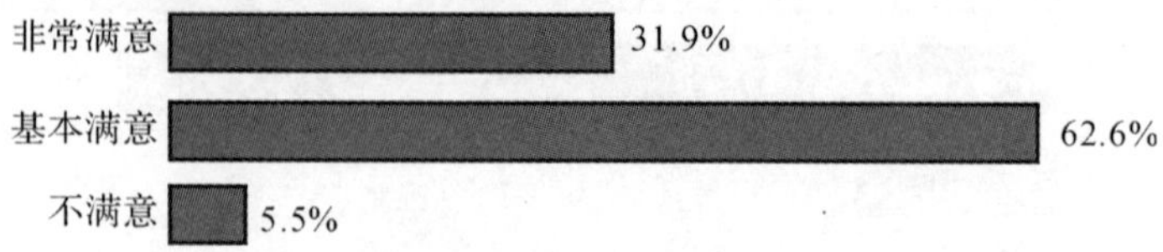

图 5 - 48　受访者对供电局营业厅缴费工作人员服务态度满意度

相对于其他区域，A 市区电力局的受访者对供电局营业厅工作人员态度“非常满意”和“不满意”的比例分别为 37.3% 和 8.5%，均显著高于其他地区(见表 5 - 43、图 5 - 49)。

表 5 - 43　各区域供电局营业厅工作人员服务态度调查

满意程度 / 比例 / 区域	非常满意	基本满意	不满意
C 供电分局	83.3%	16.7%	—
B 电力局	9.1%	88.6%	2.3%
A 市区电力局	37.3%	54.2%	8.5%
全市	31.9%	62.6%	5.5%

注：未回答“供电局营业厅工作人员服务态度”的受访者未计算在内。

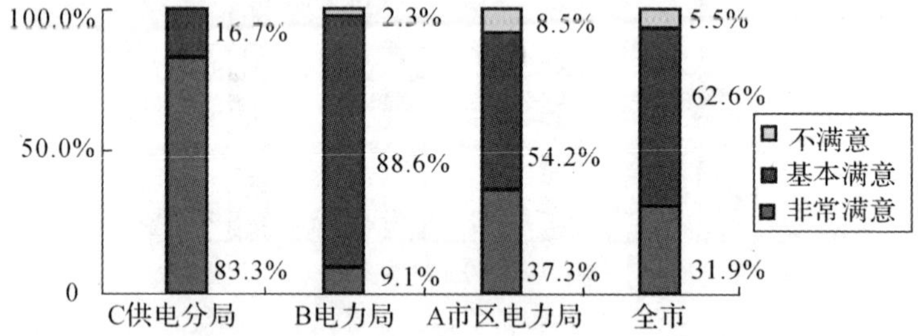

图 5 - 49　各区域供电局营业厅工作人员服务态度调查

(3)排队等待时间。供电局营业厅缴费等待时间情况如图 5－50所示。

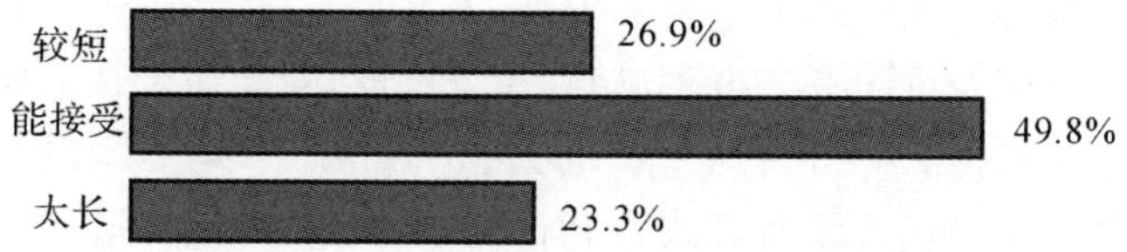

图 5－50　供电局营业厅缴费等待时间

A 市区电力局、B 电力局、C 供电分局的受访者认为供电局营业厅缴费等待时间太长的比例依次升高，分别为 16.8%，26%和 43.8%(见表 5－44、图 5－51)。

表 5－44　各区域供电局营业厅缴费排队等待时间调查

等待时间 / 比例 / 区域	较短	能接受	太长
C 供电分局	53.1%	3.1%	43.8%
B 电力局	2.0%	72.0%	26.0%
A 市区电力局	38.5%	44.8%	16.8%
全市	26.9%	49.8%	23.3%

注：未回答“供电局营业厅缴费排队等待时间”的受访者未计算在内。

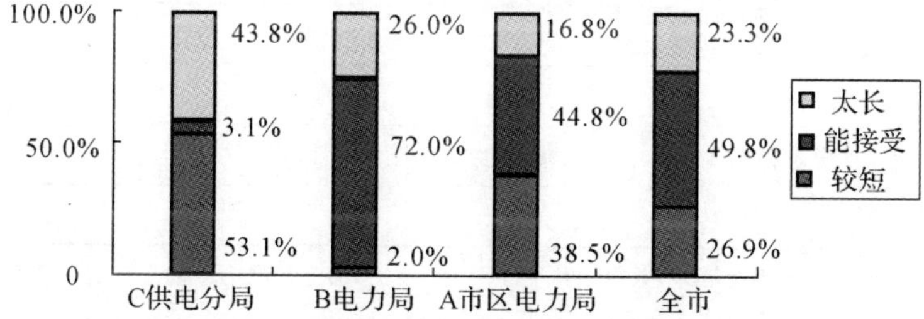

图 5－51　各区域供电局营业厅缴费排队等待时间调查

2.银行窗口代收缴费方式

针对银行窗口缴纳电费的调查显示，有17.7%的受访者认为通过银行窗口代收缴纳电费不方便，有19.0%的受访者对银行窗口代收工作人员服务态度不满意，有37.1%的受访者认为银行窗口代收缴费排队等待时间太长(见表5-45)。B电力局受访客户对于银行窗口代收缴费方式便利程度的比例和银行工作人员服务态度满意度明显高于其他地区，有66.0%的受访者经常到银行窗口缴纳电费。对于赢利微薄但业务量却很大并需要占用大量服务资源的电费代收业务，部分银行的积极性并不是很高，进而导致在电费代收过程中为电力客户提供的服务质量相对较差。A市区电力局、B电力局和C供电分局受访者普遍认同银行窗口排队等待时间太长。

表5-45 银行窗口代收缴费方式调查

	选项	频次	比例
缴费便利程度	方便	97	34.3%
	一般	136	48.1%
	不方便	50	17.7%
银行工作人员服务态度	非常满意	55	22.2%
	基本满意	146	58.9%
	不满意	47	19.0%
缴费等待时间	较短	49	18.9%
	能接受	114	44.0%
	太长	96	37.1%

注：①由于四舍五入，数据之和不等于100%；②部分选项为空的受访者只统计已回答部分，故各题频次之和不相等。

(1)便利程度。银行窗口代收缴费方便程度如图5-52所示。

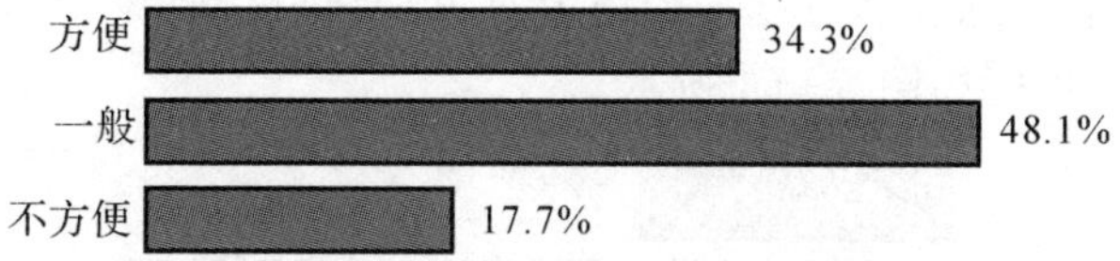

图 5－52　银行窗口代收缴费方便程度

B 电力局的受访者对于银行代收缴纳电费方便程度的认同显著高于其他地区，认为“不方便”的受访者的比例仅为 3.0％（见表 5－46、图 5－53）。

表 6－46　各区域银行窗口代收缴费方便程度调查

方便程度 / 比例 / 区域	方便	一般	不方便
C 供电分局	21.2％	60.6％	18.2％
B 电力局	32.3％	64.6％	3.0％
A 市区电力局	38.4％	34.4％	27.2％
全市	34.3％	48.1％	17.7％

注：①由于四舍五入，数据之和不等于 100％；②未回答“银行窗口代收缴费方便程度”的受访者未计算在内。

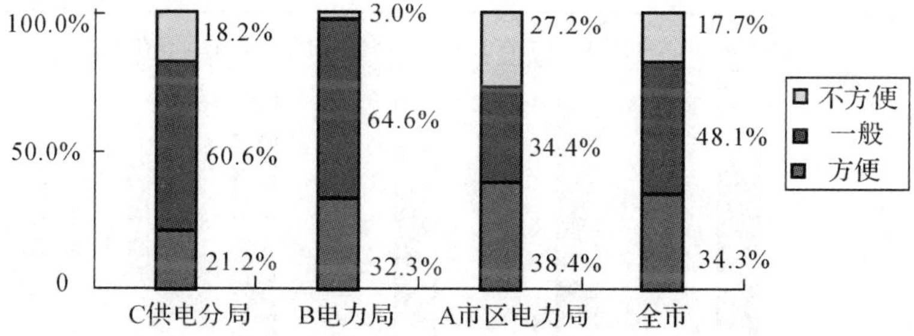

图 5－53　各区域银行窗口代收缴费方便程度

(2)服务态度满意度。受访者对银行窗口代收缴费工作人服务态度满意度如图 5-54 所示。

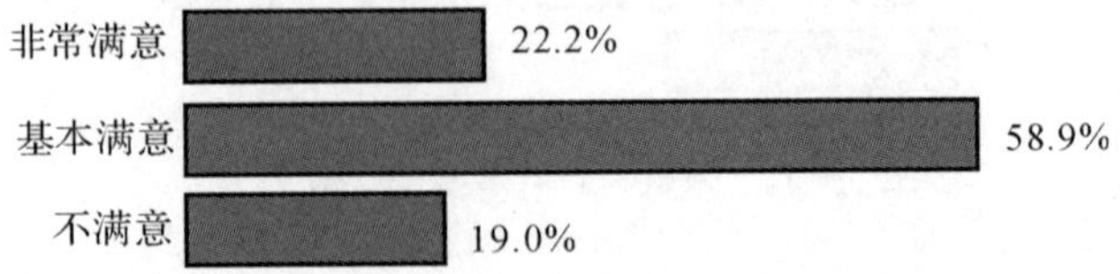

图 5-54　银行窗口代收缴费客户满意程度

B 电力局的受访者对于银行代收电费工作人员服务态度的满意度显著高于其他地区,选择“不满意”的受访者的比例仅为8.1%(见表 5-47、图 5-55)。

表 5-47　各区域银行窗口代收电费工作人员服务态度调查

满意程度 / 比例 / 区域	非常满意	基本满意	不满意
C 供电分局		70.8%	29.2%
B 电力局	8.1%	83.7%	8.1%
A 市区电力局	34.8%	41.3%	23.9%
全市	22.2%	58.9%	19.0%

注:未回答“银行窗口代收电费工作人员服务态度”的受访者未计算在内。

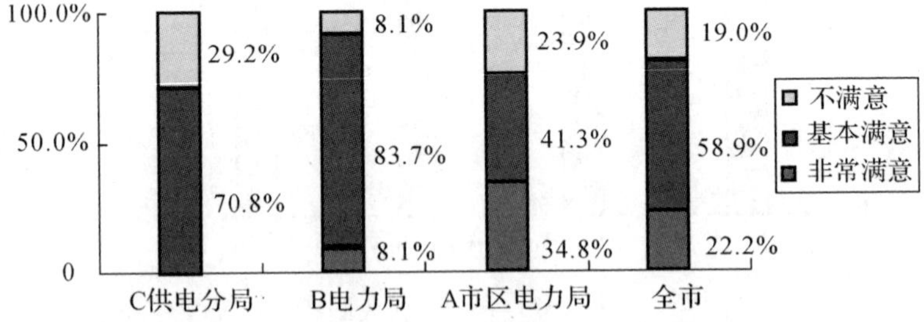

图 5-55　各区域银行窗口代收电费工作人员服务态度

(3)排队等待时间。银行窗口代收缴费排队等待时间情况如图 5－56 所示。

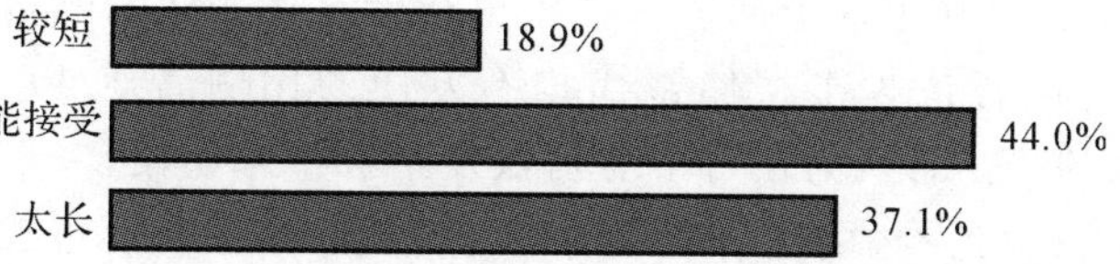

图 5－56　银行窗口代收缴费排队等待时间

各区域受访者普遍认为银行窗口代收电费排队等待时间太长，说明银行代收电费排队等待时间较长的现象在全市范围内较为普遍(见表 5－48、图 5－57)。

表 5－48　各区域银行窗口代收电费排队等待时间调查

等待时间 / 比例 / 区域	较短	能接受	太长
C 供电分局	3.1%	56.2%	40.6%
B 电力局	3.4%	60.2%	36.4%
A 市区电力局	32.4%	30.9%	36.7%
全市	18.9%	44.0%	37.1%

注：未回答“银行窗口代收电费排队等待时间”的受访者未计算在内。

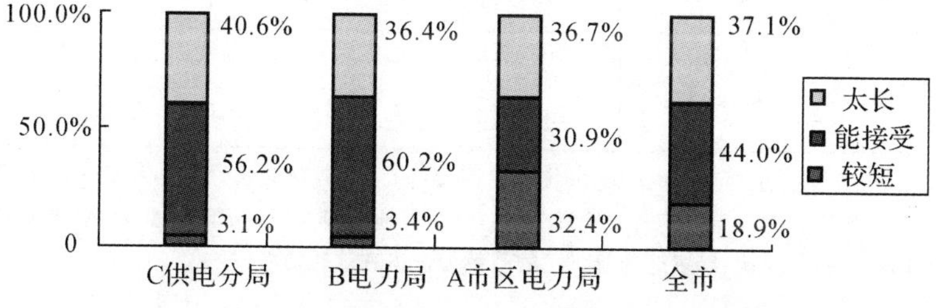

图 5－57　各区域银行窗口代收电费排队等待时间

3. 银行储蓄代扣缴费方式

某市居民客户对于银行储蓄代扣缴纳电费的接受程度一直不高，调查也反映了这个问题。关于银行储蓄代扣缴纳电费的方便程度，受访者认为银行储蓄代扣不方便的比例高达 40.8%，有 41.3%的受访者认为银行不能提供发票会带来不便；关于资金的安全性，有 22.4%的受访者认为银行在代扣电费时有可能多扣账户资金，有 13.3%的受访者认为银行也会有操作失误进而发生电费扣收不准确的情况，有 5.2%的受访者认为银行不一定会归还从用户账户多扣收的资金(见表 5－49)。

表 5－49　银行储蓄代扣缴费方式调查

	选项	频次	比例
方便程度	方便	164	59.2%
	不方便	113	40.8%
如何看待不能打印缴费发票	无所谓	165	58.7%
	需要发票	116	41.3%
资金安全性	安全	118	41.3%
	不安全	64	22.4%
银行操作规范性	规范	70	24.5%
	不规范	38	13.3%
银行是否会归还多扣资金	会归还	54	18.9%
	不归还	15	5.2%

注：①部分选项为空的问卷只统计已回答题目，故各题频次之和不相等；②“方便程度”“如何看待不能打印缴费发票”为单选题，其他为多选题；③单选题“比例”的基数为回答本题的受访者，多选题“比例”的基数为全体有效受访者(N=286)。

(1)便利程度。银行储蓄代扣缴费方便程度如图 5－58 所示。同时，各区域银行含蓄代扣缴费方式的方便程度情况如表 5－50

和图 5－59 所示。

图 5－58　银行储蓄代扣缴费方便程度调查

表 5－50　各区域银行储蓄代扣缴费方式的方便程度调查

方便程度 / 比例 / 区域	方便	不方便
C 供电分局	84.8%	15.2%
B 电力局	60.0%	40.0%
A 市区电力局	52.8%	47.2%
全市	59.2%	40.8%

注：未回答"储蓄代扣缴费方式方便程度"的受访者未计算在内。

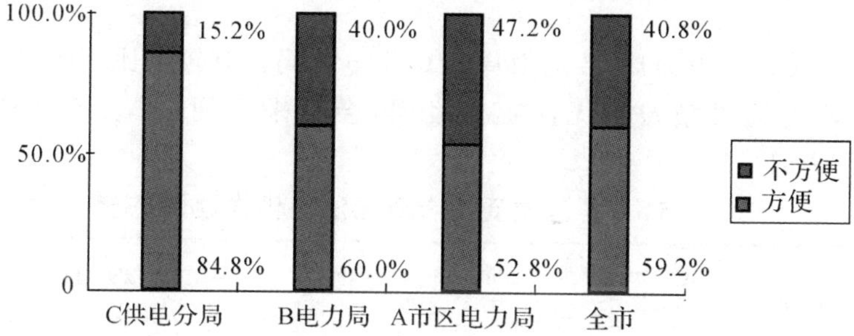

图 5－59　各区域储蓄代扣缴费方式的方便程度调查

(2)电费发票需求度。有 40%受访者认为不能打印发票会带来不便，反映 A 市供电局居民客户习惯于通过纸质打印发票来了解往月电费消费情况。客户采用银行储蓄代扣缴纳电费可以避免每月奔波、排队之苦，但是有 40%受访者认为通过该种方式缴费不方便，主要原因为居民客户传统消费观念落后于现代城市金融理念发展水平。

受访者对于银行储蓄代扣缴费方式方便程度的统计结果与受访者看待不能打印发票的统计结果非常接近，反映了不能打印发票可能会给受访者带来电费消费情况不清楚以及对资金安全性的担忧（见图 5－60）。

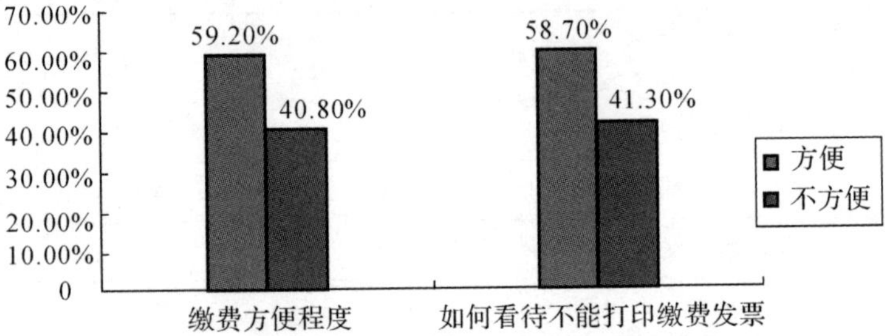

图 5－60　缴费方便程度及能否打印缴费发票的统计结果

A 市区电力局、B 电力局和 C 供电分局都有较高比例的受访者认为如果缴费时无法提供发票，会带来不便（见表 5－51，图5－61）。

表 5－51　各区域受访者对无法提供发票的态度

区域＼比例＼对发票的需求	无所谓	需要发票
C 供电分局	68.8%	31.2%
B 电力局	58.6%	41.4%
A 市区电力局	56.7%	43.3%
全市	58.7%	41.3%

注：未回答“对无法提供发票的态度”的受访者未计算在内。

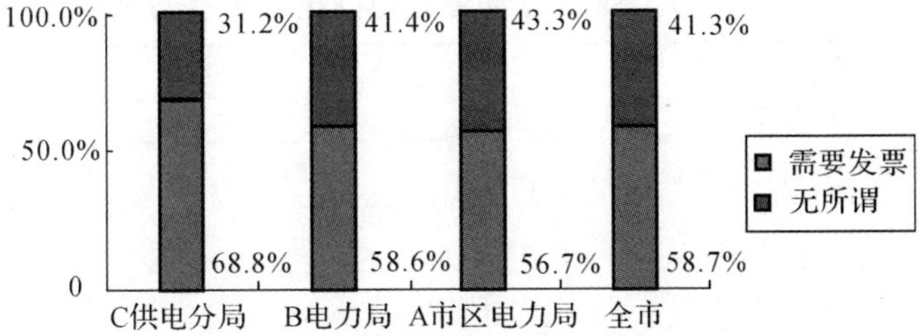

图 5－61 各区域受访者对无法提供发票的态度

6.3.4 待开通缴费方式

1. *居民客户希望开通的缴费方式*

受访者最希望开通的电费缴费方式为电费充值卡、超市代收以及 IC 卡购电。在 286 名有效问卷中，有 121 位受访者（占 42.3％）希望开通电费充值卡缴费方式，有 81 位受访者（占 28.3％）希望通过超市代收方式缴纳电费，有 77 位（占 26.9％）受访者希望通过 IC 卡购电方式缴纳电费（见表 5－52、图 5－62）。

A 市区电力局的受访者最希望开通电费充值卡（42.5％）、超市代收（37.3％）和 IC 卡购电（21.6％）缴费方式，B 电力局的受访者最希望开通电费充值卡（38.0％）、IC 卡购电（33.0％）和流动缴费车（31.0％）缴费方式，C 供电分局的受访者最希望开通电费充值卡（52.9％）、IC 卡购电（32.4％）和自助缴费机（17.6％）缴费方式。电费充值卡和 IC 卡购电缴费方式在 3 个区域的接受程度明显高于其他电费缴费方式（见表 5－53、图 5－63）。

表 5－52　受访者希望开通的电费缴费方式

项目 期望的缴费方式	频次	比例
电费充值卡	121	42.3%
超市代收	81	28.3%
IC 卡购电	77	26.9%
流动缴费车	62	21.7%
自助缴费机	45	15.7%
电话银行	43	15.0%
报刊亭代收	37	12.9%
网上缴费	26	9.1%
手机银行	25	8.7%
联收(水、电、气等费用一起缴纳)	18	6.3%

注：①受访者可以选择多个答案，因此比例之和不等于 100%；②多选题"比例"的基数为全体有效受访者($N=286$)；③IC 卡购电、自助缴费机缴费方式仅 A 市区电力局部分地区开通，故仍将其作为希望的缴费方式选项。

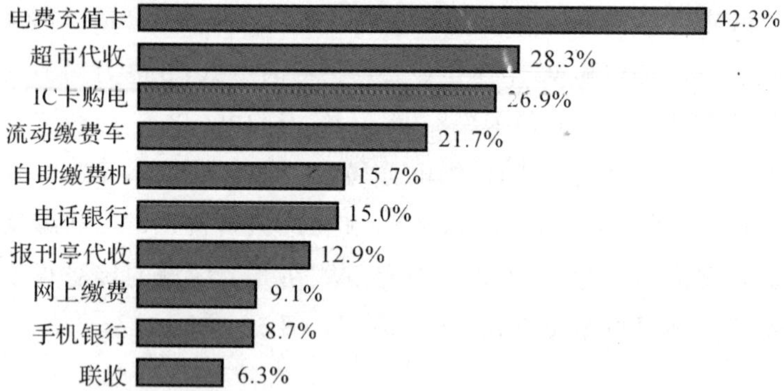

图 5－62　受访者希望开通的电费缴费方式

表 5－53　各区域受访者希望开通的电费缴费方式

项目＼区域 期望的缴费方式	A 市区电力局	B 电力局	C 供电分局
电费充值卡	42.5%	38.0%	52.9%
IC 卡购电	21.6%	33.0%	32.4%
超市代收	37.3%	24.0%	0.0%
流动缴费车	19.0%	31.0%	5.9%
自助缴费机	19.0%	10.0%	17.6%
电话银行	17.0%	16.0%	2.9%
报刊亭代收	15.0%	9.0%	14.7%
手机银行	11.8%	7.0%	0.0%
网上缴费	11.1%	6.0%	8.8%
联收(水、电、气等费用一起缴纳)	7.2%	2.0%	14.7%

注：①受访者可以选择多个答案，因此比例之和不等于 100%；②多选题“比例”的基数为全体有效受访者(N=286)。

2. 代收点缴费方式

代收点缴费方式贴近居民生活实际，比较方便居民客户缴费，有 57.9%的受访者认为通过代收点缴费比较方便，仅有 4.8%的受访者认为通过代收点缴费不方便。受访者对于代收点缴费方式的接受程度较高，有 52.5%的受访者表示会选择使用，有 43.2%的受访者表示可能会选择使用该缴费方式(见表 5－54)。

表 5－54　代收点缴费方式调查

	选项	频次/次	比例
缴费便利程度	方便	157	57.9%
	一般	101	37.3%
	不方便	10	4.8%

续表

	选项	频次/次	比例
是否会选择使用	当然会用	124	52.5%
	可能使用	102	43.2%
	不使用	10	4.2%

注：一些受访者只回答了部分问题，所以各题目总频次之和不等。

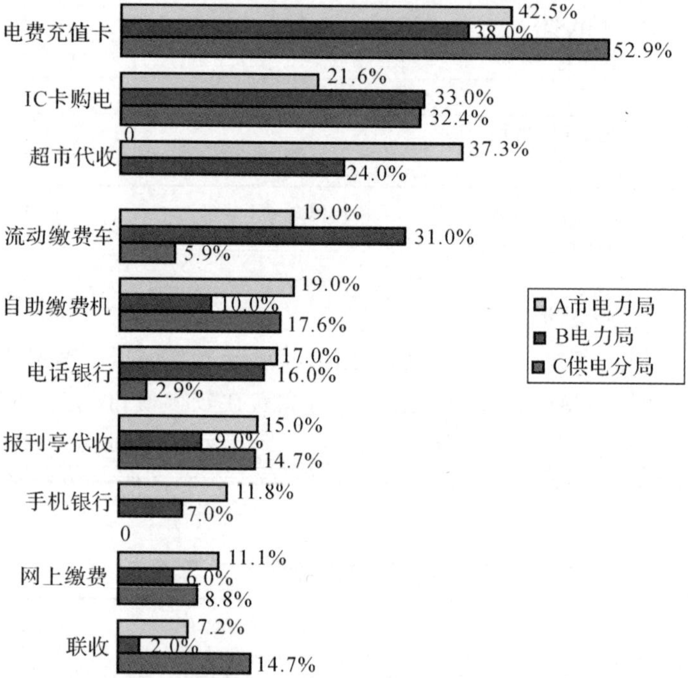

图 5－63　各区域受访者希望采用的电费缴费方式

(1)便利程度。代收点缴费方式方便程度如图 5－64 所示。

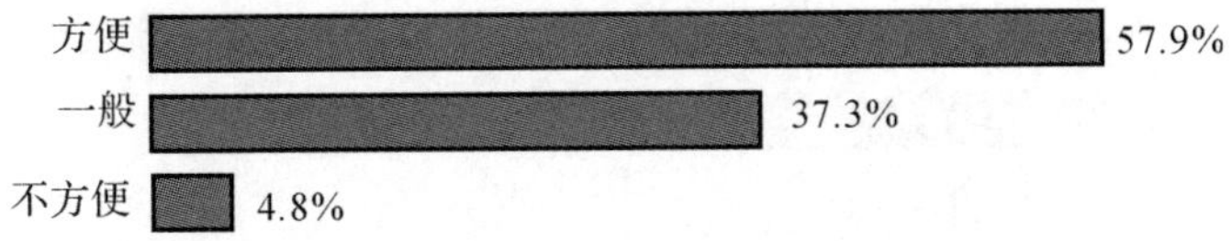

图 5－64　代收点缴费方式方便程度

A 市区电力局的受访者认为代收点缴费方便的比例显著高于 C 供电分局和 B 电力局，原因可能为市区超市和报刊亭的数量相对较多且分布更为广泛（见表 5－55、图 5－65）。

表 5－55　各区域代收点缴费便利程度调查

比例 便利程度 / 区域	方便	一般	不方便
C 供电分局	51.7%	44.8%	3.4%
B 电力局	48.4%	48.4%	3.2%
A 市区电力局	65.1%	28.9%	6.0%
全市	57.9%	37.3%	4.8%

注：未回答“代收点缴费方便程度”的受访者未计算在内。

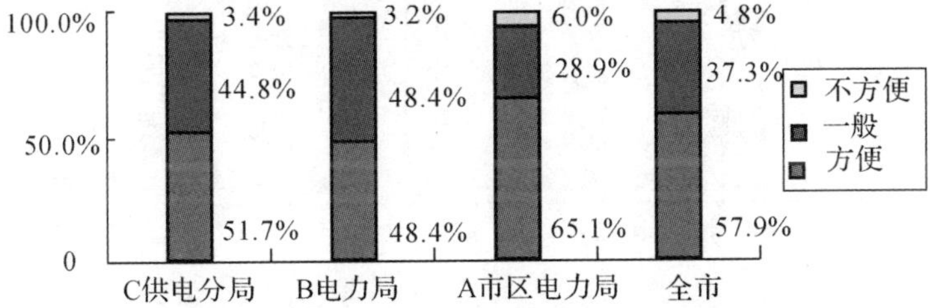

图 5－65　各区域代收点缴费便利程度调查

（2）接受程度。代收点缴费方式接受度如图 5－66 所示。

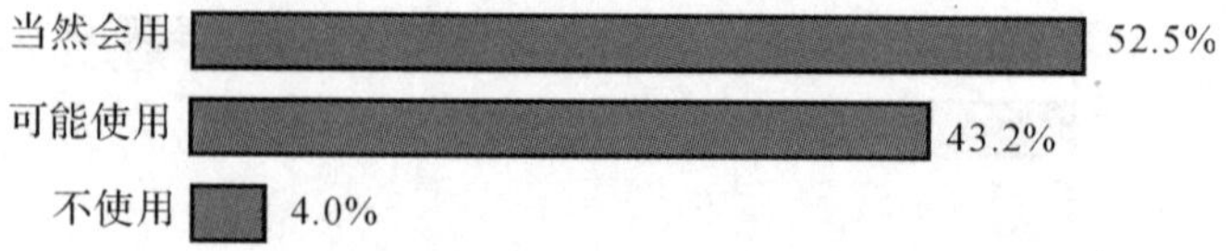

图 5-66　代收点缴费方式接受度

A市区电力局有67.9%的受访者表示会采用代收点缴纳电费，其比例显著高于C供电分局和B电力局(见表5-56、图5-67)。

表5-56　各区域代收点缴费方式接受度调查

比例 接受度 区域	当然会用	可能使用	不使用
C供电分局	60.0%	40.0%	—
B电力局	22.7%	74.7%	2.7%
A市区电力局	67.9%	26.0%	6.1%
全市	52.5%	43.2%	4.2%

注:未回答"是否使用代收点缴费方式"的受访者未计算在内。

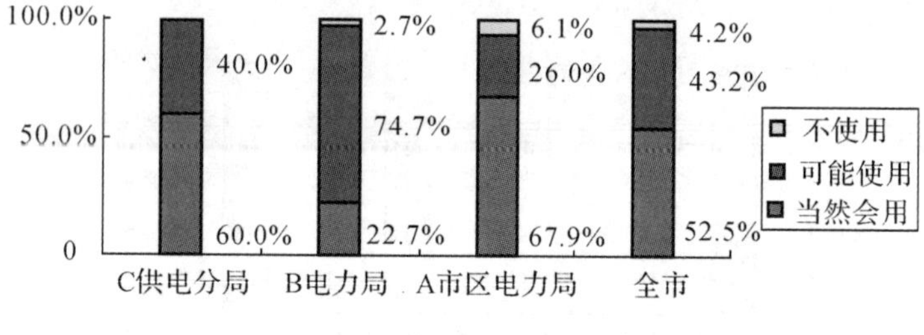

图 5-67　各区域代收点缴费方式接受程度

3. 电费充值卡缴费方式

随着手机在城乡居民生活中的日益普及,话费充值卡在手机用户中已经得到广泛应用。电费充值卡的操作与手机话费充值流程基本相似,因此本次调查的受访者对于电费充值卡的接受程度很高。有 68.2%的受访者表示使用电费充值卡缴纳电费十分方便,有 44.0%的受访者表示会选择使用电费充值卡缴纳电费(见表 5-57)。与手机话费充值卡不同的是,利用电费充值卡进行电费充值时拨打电力部门客服电话是需要按照市话收取电话费的。

表 5-57 电费充值卡缴费方式调查

	选项	频次/次	比例
缴费便利程度	十分方便	195	68.2%
	不太方便	60	21.0%
	比排队方便	99	34.6%
	使用容易	15	5.2%
是否会选择使用	选择使用	124	44.0%
	可能用	132	46.8%
	不使用	26	9.2%

注:①"缴费便利程度"为多选题,故各选项比例之和大于 100%;②多选题"比例"的基数为全体有效受访者($N=286$)。

(1)便利程度。电费充值卡缴费便利程度如图 5-68 所示。

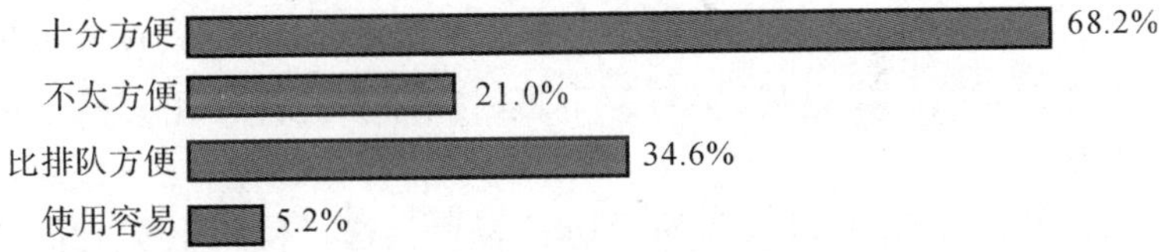

图 5-68 电费充值卡缴费便利程度

(2)接受程度。电费充值卡缴费接受程度如图 5-69 所示。

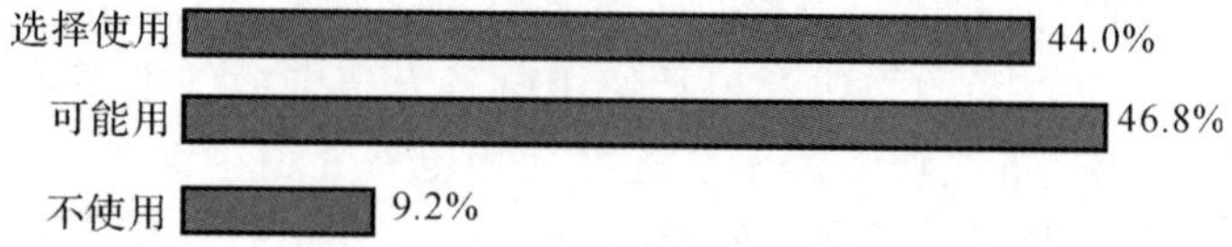

图 5-69　电费充值卡缴费接受程度

在调查中，电费充值卡的居民客户接受度非常之高，但是，考虑到客户在拨打电力公司 95598 服务热线进行电费充值时是要收取市话费的，因此在实际推广过程中客户的实际接受度会低于该调查结果。

针对上述情况，课题组就电费充值卡缴纳电费方式进行了小样本随机抽访（$N=20$），调查结果如图 5-70 所示。

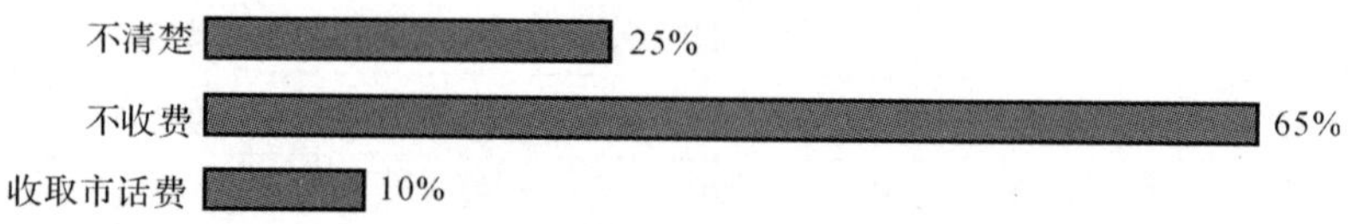

图 5-70　受访客户对拨打 95598 是否收费的认知

仅有 10%的受访者确切知道拨打电力公司 95598 服务热线是需要收取市话费用。在告知受访者 95598 热线需要收取市话费之后，再调查受访者是否会采用电费充值卡缴纳电费时，仅有少量受访者表示会在供电局、银行等下班时间才会选择使用充值卡缴纳电费。

B 电力局只有 11.3%的受访者表示会选择使用电费充值卡缴纳电费，对于电费充值卡的接受程度明显低于 A 市区电力局和 C 供电分局。在受访者希望的缴费方式调查中，B 电力局有 38.0%的受访者希望开通电费充值卡，低于 A 市区电力局（42.5%）和 C 供电分局（52.9%），如表 5-51 和图 5-71 所示。

表 5－58　各区域电费充值卡缴费方式接受度调查

比例 接受度 区域	选择使用	可能用	不使用
C 供电分局	90.9%	6.1%	3.0%
B 电力局	11.3%	81.4%	7.2%
A 市区电力局	54.6%	33.6%	11.8%
全市	44.0%	46.8%	9.2%

注：未回答“是否会选择使用电费充值卡”的受访者未计算在内。

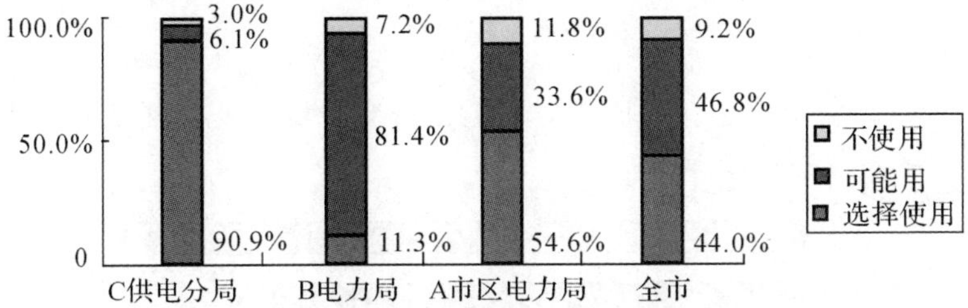

图 5－71　各区域电费充值卡缴费方式接受度

4. 网上银行缴费方式

针对网上银行缴费方式的调查显示，受访者对于通过网上银行交纳电费的接受程度较低。在资金安全性方面，有 34.9%的受访者认为网上银行会给账户资金带来风险，是不安全的；有21.5%的受访者不太清楚网上银行是否会给账户资金带来风险；只有 7.4%的受访者表示会选择使用通过网上银行缴纳电费；不会使用互联网的受访者的比例高达 40.6%（有 24.7%的受访者表示虽然会上网但是没有使用过网上银行业务，不会选择通过网上银行缴纳电费）。

表 5-59 网上银行缴费方式调查

	选项	频次/次	比例
资金安全性	安全	120	43.6%
	不安全	96	34.9%
	不清楚	59	21.5%
是否会选择使用	不会上网	110	40.6%
	没用过网上银行	67	24.7%
	会尝试用	74	27.3%
	使用	20	7.4%

注:①"资金安全性"和"是否选择使用"受访者可以选择多个答案,所以频次之和不等;②多选题"比例"的基数为全体有效受访者(N=286)。

(1)资金安全。受访者对网上银行缴费资金安全性认知情况如图 5-72 所示。

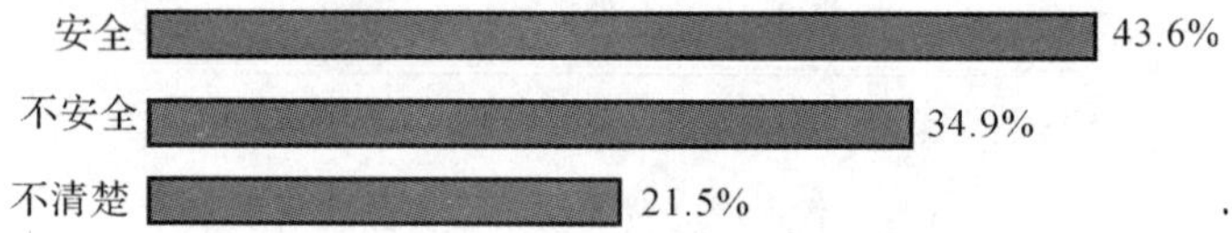

图 5-72 网上银行缴费资金安全性

各区域均有较高比例的受访者对网上银行的资金安全性不太清楚或表示担忧(见表 5-60、图 5-73)。

表 5-60 各区域网上银行缴费资金安全性调查

比例 资金安全性 / 区域	安全	不安全	不清楚
C 供电分局	51.5%	48.5%	
B 电力局	43.4%	20.2%	36.4%
A 市区电力局	42.0%	41.9%	16.1%
全市	43.6%	34.9%	21.5%

注:未回答"是否会选择使用网上银行"的受访者未计算在内。

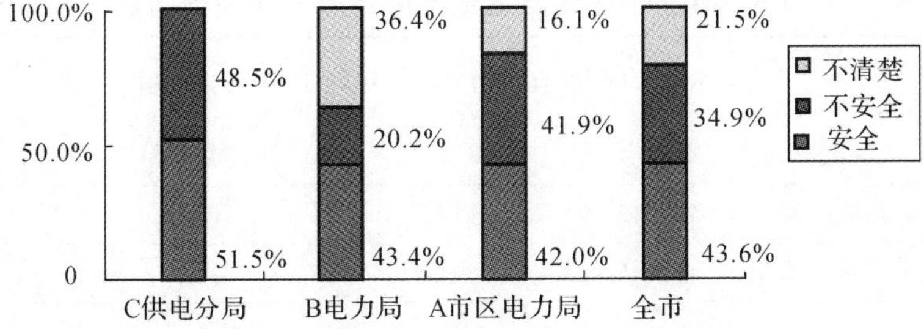

图 5－73　各区域网上银行缴费资金安全性调查

(2)接受程度。有 40.6%的受访者不会使用互联网，这么高的比例可能受三个因素影响：一是与某地区的信息化水平相关；二是与回答问卷的客户未能较好代表整个居民客户现状有关；三是可能与问卷主要是通过各营业厅发放填写有关，学生、知识分子等高互联网接触度群体到营业厅办理业务的比例较低(见图 5－74)。如果开通了网上银行缴费方式，相信家庭成员中缴纳电费的主体可能会逐渐发生改变。

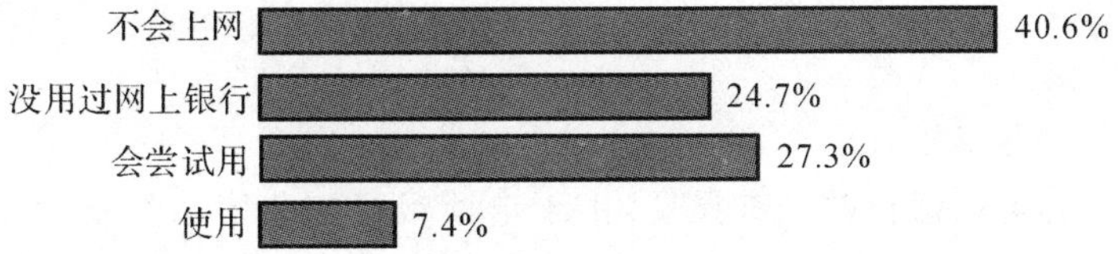

图 5－74　网上银行缴费方式接受度调查

各区域的受访者对于网上银行的接受程度较低，主要原因可能与当前 A 市供电局居民客户生活、工作的信息化水平相对较低有着直接的关系(见表 5－61、图 5－75)。

表 5-61　各区域网上银行缴费方式接受度调查

比例 接受度 区域	不会上网	没有使用过网上银行业务	会尝试用	使用
C供电分局	9.1%	33.3%	54.5%	3.0%
B电力局	42.9%	23.5%	26.5%	7.1%
A市区电力局	46.4%	23.6%	21.4%	8.6%
全市	40.6%	24.7%	27.3%	7.4%

注：未回答“是否会选择使用网上银行”的受访者未计算在内。

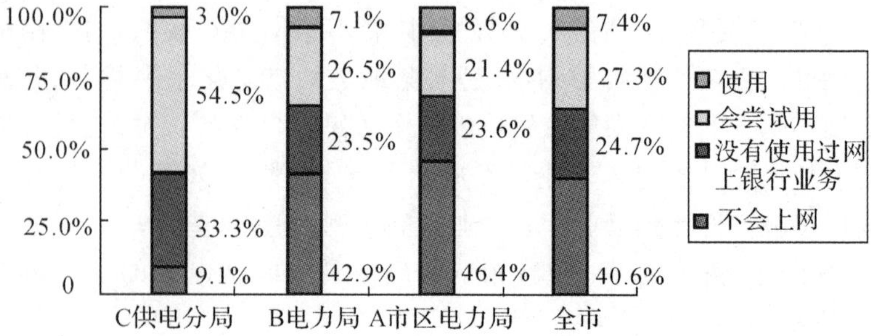

图 5-75　各区域网上银行缴费方式接受度调查

5. 电话银行

对电话银行的调查显示，由于电话银行在我国已经发展了一段时间，A 市供电局居民客户对其使用已有一定了解，但对其安全性仍不甚清楚，对其使用持谨慎态度。关于电话银行的方便程度，有 61.2%的受访者认为通过电话银行缴纳电费比较方便，有 19.4%的受访者不太清楚电话银行的具体使用方法；关于电话银行的资金安全性，有 30.0%的受访者认为不安全，并有 31.5%的受访者不清楚其安全性，仅有 38.5%的受访者认为电话银行比较安全；关于是否会选择电话银行，有 42.7%的受访者表示会选择使用，其中 A 市区电力局的受访者所占比例较高（见表 5-62）。

表 5-62 电话银行缴费方式调查

	选项	频次/次	比例
方便程度	方便	154	61.2%
	不方便	49	19.4%
	不清楚	49	19.4%
资金安全性	安全	77	38.5%
	不安全	60	30.0%
	不清楚	63	31.5%
是否会选择使用	选择使用	70	42.7%
	可能用	67	40.9%
	不使用	27	16.5%

注:①重复出现的数字表明不同题目选项的统计结果有频次相同的情况;②一些受访者只回答了部分问题,所以各题目总频次之和不等。

(1)便利程度。电话银行缴费方便程度如图 5-76 所示。

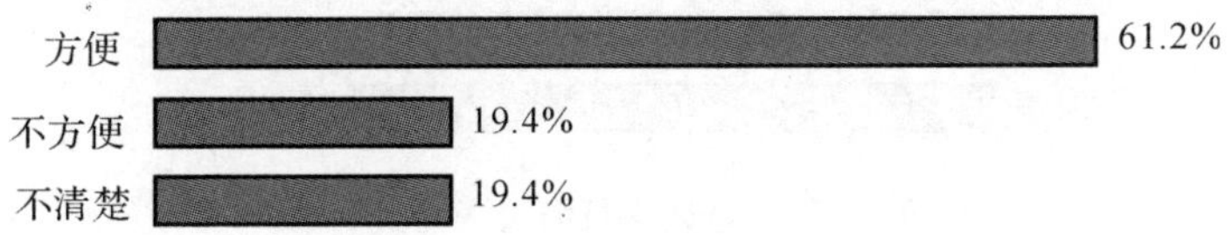

图 5-76 电话银行缴费方便程度

A 市区电力局和 C 供电分局 70%以上的受访者中认为通过电话银行缴纳电费比较方便,显著高于 B 电力局(见表 5-63、图 5-77)。

表 5-63 各区域电话银行缴费方式便利程度调查

比例 便利程度 区域	方便	不方便	不清楚
C 供电分局	72.7%	21.2%	6.1%
B 电力局	37.4%	39.6%	23.1%
A 市区电力局	75.0%	4.7%	20.3%
全市	61.2%	19.4%	19.4%

注:未回答"电话银行缴费便利程度"的受访者未计算在内。

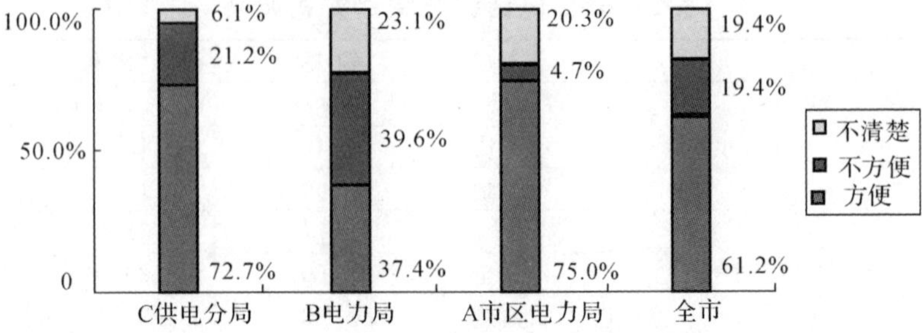

图 5-77　各区域电话银行缴费方式便利程度

(2)资金安全。受访者对电话银行缴费资金安全性的认知情况如图 5-68 所示。

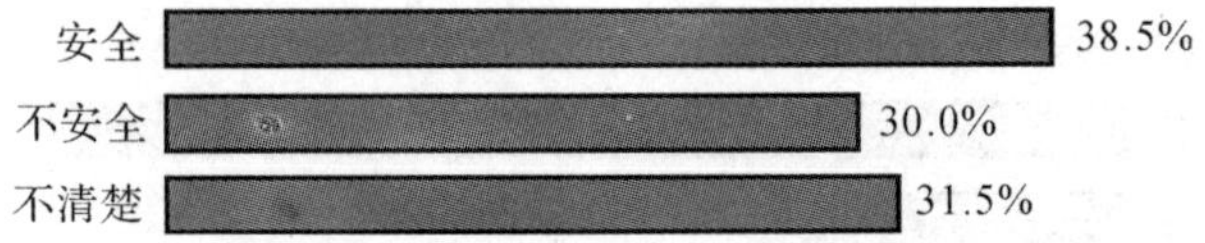

图 5-78　电话银行缴费资金安全性

A 市区电力局的受访者中有一半认为电话银行安全性较好，结合 A 市区电力局的受访者对电话银行便利程度的认可，说明 A 市区电力局有较高比例的客户对于电话银行有一定了解(见表 5-64、图 5-79)。

表 5-64　各区域电话银行资金安全感

资金安全感 比例 区域	安全	不安全	不清楚
C 供电分局	81.8%		18.2%
B 电力局	12.2%	48.6%	39.2%
A 市区电力局	50.0%	25.0%	25.0%
全市	38.5%	30.0%	31.5%

注：未回答“电话银行资金安全感”的受访者未计算在内。

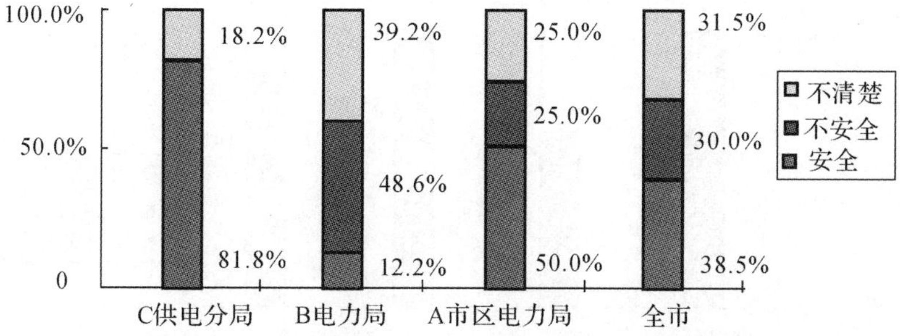

图 5－79　各区域电话银行缴费方式安全感

(3)接受程度。电话银行缴费方式接受度如图 6－80 所示。

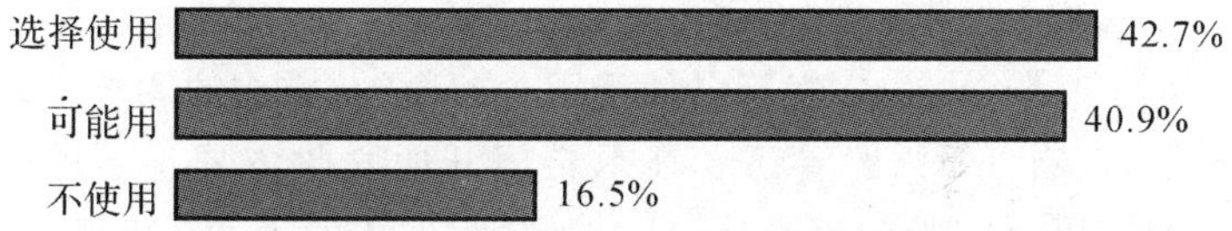

图 5－80　电话银行缴费方式接受度

A 市区电力局的受访者表示会通过使用电话银行缴纳电费的比例显著高于其他地区。加之之前对于电话银行便利程度及资金安全性调查结果,可以认为 A 市区电力局的客户要比 C 供电分局和 B 电力局的客户对于电话银行有着更高的接受度(见表 5－65、图 5－81)。

表 5－65　各区域电话银行缴费方式接受度调查

比例＼接受度／区域	选择使用	可能用	不使用
C 供电分局	17.6％	82.4％	—
B 电力局	9.5％	52.4％	38.1％
A 市区电力局	61.1％	35.8％	3.2％
全市	42.7％	40.9％	16.5％

注:未回答“是否会选择使用电话银行”的受访者未计算在内。

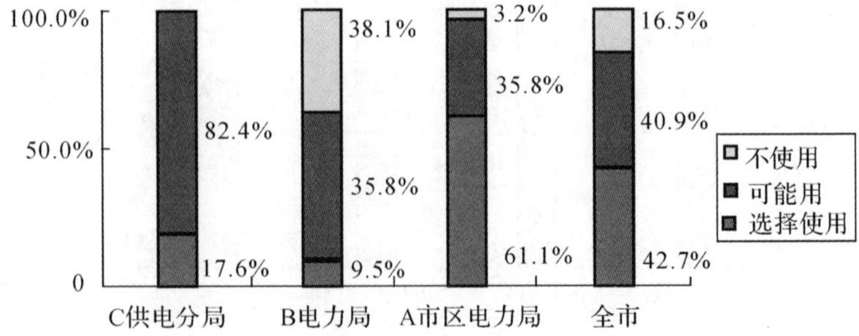

图 5-81 各区域电话银行缴费方式接受度调查

6. 联收

对于联收(电、水、气等多种费用一起缴纳)方式的调查结果出乎预期,仅有6.3%的受访者表示希望开通联收方式。出现这样情况的原因可能为问卷设计时,对于联收方式的表述不够清晰,受访者在答卷时不明白联收方式的真正含义。针对第一次问卷调查结果,课题组再次随机抽取了20名居民进行了访谈,在对其解释清楚了联收方式的含义后,再次就联收方式的客户接受程度进行了调查。调查结果显示,有85%的居民客户在明白联收方式的含义后,希望通过联收方式缴纳电费(见图5-82)。

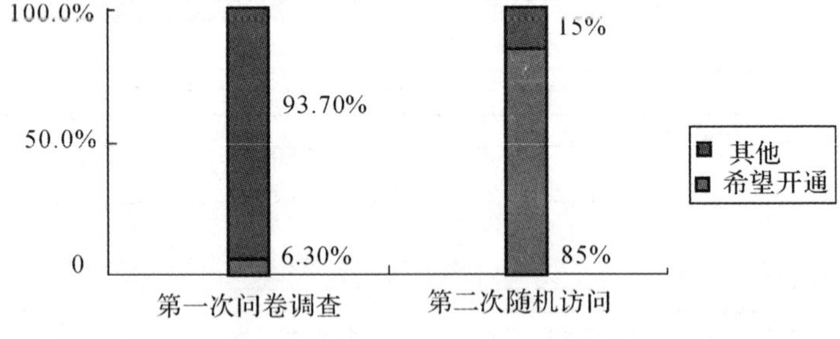

图 5-82 联收方式接受度的比较

5.3.5 居民客户欠费

1. 欠费经历

受访者电费欠费经历情况如表 5－66 和图 5－83 所示。

表 5－66　受访者电费欠费经历调查

欠费经历 项目	是	否
频次/次	73	199
比例	21.9%	78.1%

注：未回答"是否有欠费经历"的受访者未计算在内。

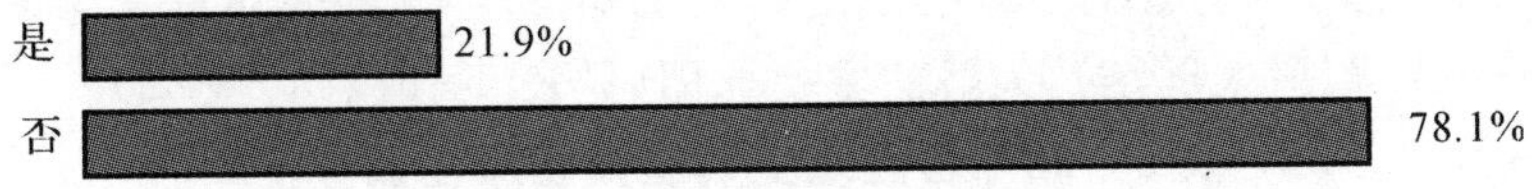

图 5－83　受访者电费欠费经历情况

各区域受访者电量欠费经历调查情况如表 5－67 和图 5－84 所示。

表 5－67　各区域受访者电费欠费经历调查

欠费经历 比例 区域	是	否
C 供电分局	45.5%	54.5%
B 电力局	21.9%	78.1%
A 市区电力局	25.9%	74.1%
全市	26.8%	73.2%

注：未回答"是否有电费欠费经历"的受访者未计算在内。

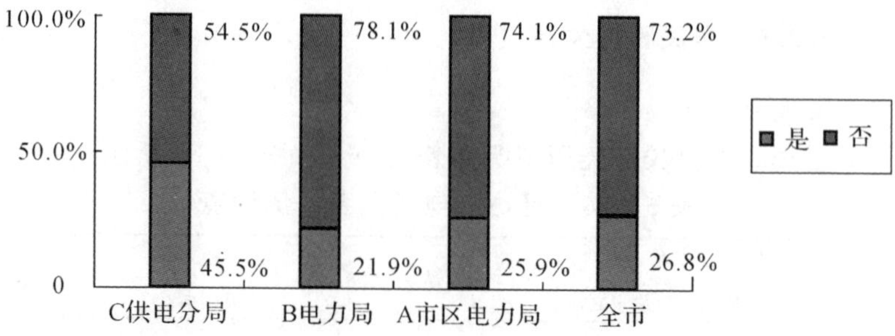

图 5－84　各区域受访者电费欠费经历情况

2. 欠费原因

关于居民客户欠费原因的调查显示，近一半的受访者选择欠费的主要原因是忘记缴费截止时间，另有 34.5%的受访者认为缴费网点距离太远是其欠费的主要原因（见表 5－68、图 5－85）。

表 5－68　各区域受访者欠费原因调查

欠费原因 项目	缴费网点太远	缴费时间与上班时间冲突	忘记缴费截止时间	合计
频次/次	48	23	68	139
比例	34.5%	16.5%	48.9%	100%

注：包括欠费经历为“无”，但回答欠费原因的数据。

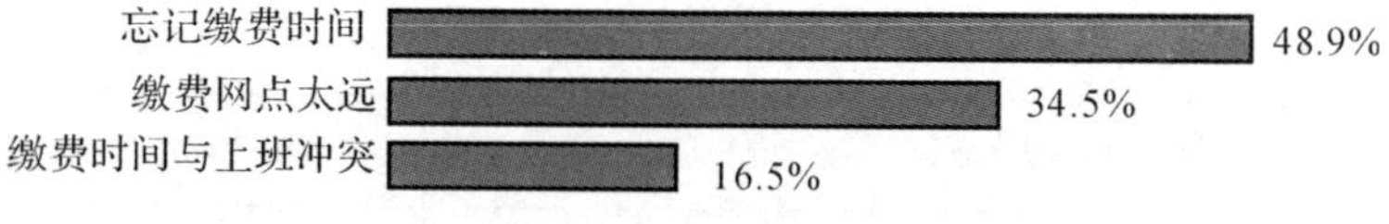

图 5－85　受访者欠费原因

5.4　本章小结

本章根据电费缴费方式调查问卷信息统计了 A 市供电局法人客户和居民客户现有缴费方式的基本情况，分析了客户希望采用或开通的电费缴费方式，以及各种待推出电费缴费方式的客户接受程度。

第 6 章　电费缴费方式配置策略

在前面相关研究中，我们已经研究了各种电费缴费方式的概念、特点及适用场合，通过开发电力客户细分系统对电力客户的用电特征进行了细分，并进行了某地区电费缴费方式调查。结合某地区电力客户特点，研究匹配的电费缴费方式组合是本章的主要内容。

6.1　电费缴费方式配置的原则

1. 缴费方式的配置应由赊销式向预付制转变

法人客户预付费方式主要以负控购电为主，中小法人客户也可以采用 IC 卡购电方式。分次划拨不属于严格意义上的预付费方式，但能在显著降低法人客户的欠费风险，因此，也可以选择逐步推广。

在实践中，居民客户的预付费方式主要是 IC 卡购电。目前 IC 卡技术上已经较为成熟，安全性（系统的管理性只与发卡方或管理方有关，而与生产厂家无关）、兼容性（芯片升级时不需要对 IC 卡表内的微控制器程序进行改动）、可扩展性（水、电、气、热表一卡多用）、规范性（满足金融卡规范）均取得了长足的进步。银行储蓄代扣也是一种介于预付制与赊销式之间的居民客户缴费方式，在正常情况下，电费结算日资金就能入账，能显著缩短电费的回收周期和资金的在途时间。

2. 电费缴费方式的配置应依托现有缴费方式，并不断推陈出新

银行代收方式和供电局营业网点坐收方式是当前客户使用最频繁的缴费方式，主要存在客户排队等待时间长、服务人员积极性差等问题。尽管电力企业推行银行储蓄代扣有一段时间，但是客户的接受程度很低。在近一段时期内，这几种方式在电费回收工作中仍将继续发挥重要作用，应及时发现和解决这几种缴费方式中存在的问题。同时，随着这个社会信息化水平的不断提高，网上银行、电话银行、充值卡等各种缴费方式逐渐走进市民生活。使用这些信息化程度较高的缴费方式，可以极大地提高电力企业电费回收工作的效率，也会显著提高电力客户缴纳电费的便捷程度。因此，电力企业一方面要不断完善现有缴费方式，另一方面也要不断推出新型缴费方式，不断优化缴费方式配置。

3. 电费缴费方式的配置应结合客户特点，进行差异化配置

不同用电规模的电力客户，具有不同的特点。考虑到法人客户和居民客户的不同，法人客户客户数量相对少但电费金额却特别大，因此为了规避电费拖欠风险，对应缴费方式配置应以分次划拨、银行转账等方式为主；居民客户由于电费金额小、客户数量大，缴费方式的配置应贴近生活实际并且方式也应该多样化，主要为了方便客户缴纳电费。

由于经济发展水平、信息化程度、消费习惯的差异，不同生活区域中的电力客户对于同一种电费缴费方式的需求和接受程度相差较大。因此，在电费缴费方式配置时，应充分考虑区域背景。

4. 电费缴费方式配置应逐渐减少供电局营业厅的现金缴费，注重依托银行类金融机构、社会化代收点等专业的城市事业缴费平台或机构

客户供电局营业厅现金缴费，不仅使供电局营业厅办理其他

电力业务的资源被大量占用，还带来了资金转移过程中的安全问题。逐渐减少供电局营业厅的现金缴费，将电费回收工作外包给在从事代收转账业务方面具有极大的优势的银行和贴近居民客户生活的社会化代收点，一方面可以降低电费回收成本、方便客户缴费，另一方面也可以使营业厅集中于输、配、售等电力核心业务。

5. 电费缴费方式配置应适应城市公用事业费统一收缴平台的发展趋势

电、水、气、有线电视、电话、供暖等公用事业是保障现代城市发展的一个重要行业，公用事业提供的公用产品是现代城市生活不可缺少的必需品，多年形成的公用事业垄断体制，造成了不同类型的公用事业部门为回收产品资金建立了不同的收费渠道，市民要获得任何一种公用产品的持续、稳定供应，都必须按各个产品提供者规定的收费模式分别支付费用。对于一个城市来说，利用信息网络技术，重组公用事业信息资源，建立统一的公用事业费支付平台将从根本上降低电、水、气等公用产品提供者的收缴成本、提高资金回收质量，同时，为公众提供了一种方便、快捷的收费服务，降低了产品使用者的交费成本，提高了整个社会工作效率。电力企业应主动做好参与到城市公用事业费统一收费平台的准备工作，并积极与有关部门一起推动城市公用事业费统一收费平台的发展。

6.2 法人客户电费缴费方式配置策略

法人客户具有客户数量较小、月用电量大、用电安全性要求高、停电损失大等特点，其电费金额占供电公司电费收入的70%以上，法人客户发生一次欠费或拖延缴纳电费的时间，都会给供电公司造成巨大的损失。因此，结合多种缴费方式，加强欠费客户的管理，是供电公司效益的保证；动态评价客户，根据客户价值的不同，分别提供差别化的缴费服务，是供电公司服务于客户的体现。

6.2.1　基于客户价值动态评价结果的差异化缴费服务

客户价值的动态评价，是根据第 3 章建立的“电力客户价值评价指标体系”，通过“电力客户细分系统”计算出每位法人客户每个月的综合价值、当前价值、潜在价值以及其他各项评价指标的分值，进而根据法人客户的分值将客户划分为不同的群体，对不同的客户群体采取差异化的服务策略。

按客户价值对客户进行细分，可以采用西安交通大学陈明亮提出的“客户价值矩阵”(见第 3 章 3.1.3 节)，按照当前价值和潜在价值两个维度将客户划分为 4 组。当前价值和潜在价值的取值范围都是[0～1]，因此，以 0.5 作为划分客户类别的临界点。

第 1 类客户是当前价值高、潜在价值高的“双高”客户，如图 6－1中的“a 公司”。这类客户通常用电量大、电费金额高、信用状况良好，是供电公司需要“重中之重投入、不遗余力保持”的客户。供电公司可以在营业厅设置“大客户服务专柜”，节省大客户缴费或办理其他业务的时间，也可以考虑为这些法人客户设置专门的客户经理，负责客户联络或者提供上门收取电费的服务。同时，可以在政策允许的情况下，在用电高峰期，优先保证这些法人客户的正常用电，还可以定期为这些客户提供免费的安全用电检查，并优先为这些客户提供故障维修。

第 2 类客户是当前价值高、潜在价值低的客户，如图 6－1 中的“b 厂”“c 公司”“d 厂”“e 公司”。这类客户通常用电量大、电费金额高、信用状况良好，但是用电量变化不大、较为平稳，是供电公司需要"重点投入"的客户。供电公司同样可以让这些客户享有在"大客户服务专柜"缴纳电费或办理其他业务的服务，同时，可以考虑和这些客户签订银行代扣电费协议，方便客户的同时，也促进供电公司电费的回收。

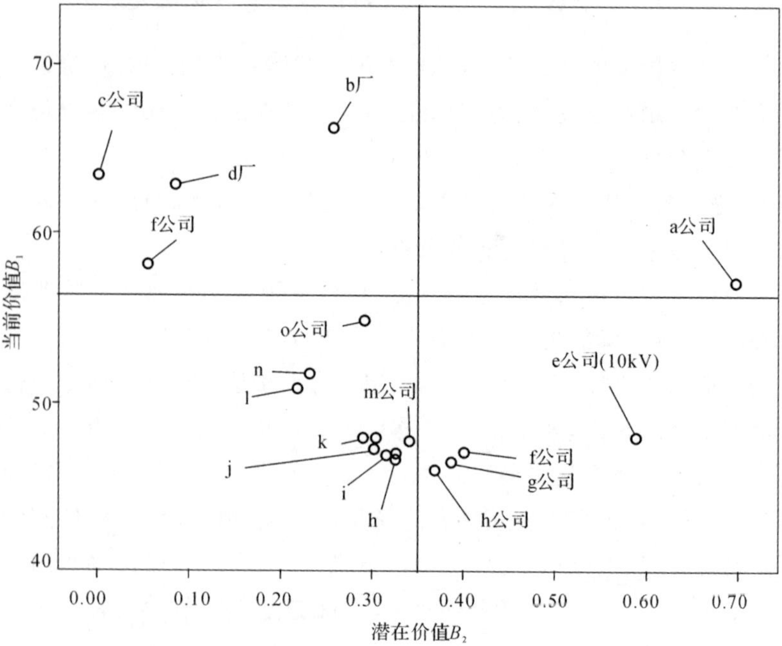

图 6-1　客户综合价值前 20 位客户分类矩阵图

第 3 类客户是当前价值低、潜在价值高的客户，如图 6-1 中的"e 公司(10 kV)""f 公司""g 公司""h 公司"。这类客户通常用电量略低、信用状况一般，有一定的用电增长性，是供电公司需要"适当投入"的客户。供电公司可以联合银行，与这些客户签订储蓄扣款协议，采取每月分次划拨电费的收费方式，降低电费回收风险。

第 4 类客户是当前价值低、潜在价值低的“双低”客户，如图 6－1中的“h”“i”等客户。这类客户的数量通常是 4 类客户中最多的，其用电量相对较低、信用状况一般，用电增长性也不高。针对这类客户，供电公司应当尽量采取能够降低电费回收风险的缴费方式，例如缩短其缴费周期、通过银行采取分次划拨电费、为其安装负荷控制装置预收电费、提高其违约金的额度等。

6.2.2　运用多种缴费方式，加强欠费客户管理

客户价值评价指标体系中客户的“当前价值”由“用电情况”和“信用状况”两个指标构成，可以根据客户的信用状况为客户划分信用等级，并结合其用电情况分别设置不同的缴费方式，加强欠费客户的管理。

客户“信用状况”的取值范围在[0～1]之间，将客户按照信用等级的分值划分为 5 等，分别为[0,0.2]、(0.2,0.4]、(0.4,0.6]、(0.6,0.8]、(0.8,1]，通过“电力客户细分系统”的法人客户价值浏览页面，可以分别按照这 5 个区间查询客户信用状况的分布情况。

第 1 等，信用状况分值在 0.8～1 之间的法人客户，是信用等级最好的客户。对于这类客户，可以让其享有在“大客户服务专柜”缴纳电费或办理其他业务权利，尽量使其缴纳电费更加方便。如何该客户的电费金额大，也可以考虑为这些法人客户设置专门的客户经理，提供上门收取电费的服务。

第 2 等，信用状况分值在 0.6～0.8 之间的法人客户，是信用等级较好的客户。这类客户数量最多，可以通过月用电量、欠费金额、电费回收周期等指标进一步的划分。例如，对于用电量大并且发生过欠费的客户，可以通过采取增加结算次数的方式，联合银行，与其签订划款协议，每月分多次从其银行账户上划拨电费。对于欠费额度不高、却拖延缴费时间的客户，可以在法律允许的情况

下提高其滞纳金的额度。

第 3 等，信用状况分值在 0.4～0.6 之间的法人客户，是信用等级一般的客户。对于这类客户，同样要对其采取降低电费回收风险的缴费方式。例如，开展电费储蓄方式：指用电客户依据自己的年用电量，按年或半年、季度在银行专户存款，计算利息但只存不取。客户每月发生的电费，由银行根据供电部门提供的电费数据，直接从其账户划拨，预储额不足而随时充值，这种收费方式对于经营状况较好的民营企业来说，尤其方便。

第 4 等，信用状况分值在 0.2～0.4 之间的法人客户，是信用等级较差的客户。

第 5 等，信用状况分值在 0～0.2 之间的法人客户，是信用等级最差的客户。

对于信用等级差的第 4 等和第 5 等客户，可以通过技术手段、行政手段、经济手段、法律手段等加强电费回收。

1. 技术手段（“负控购电”缴费方式）

安装预付费电能表，推行预购电制。与欠费客户签订协议，在欠费客户终端安装负荷控制装置，对客户实行购电使用，电量预警，不购电或购电脱节即跳闸断电的电费收费办法。实行预购电制，不仅可以使新发生的电费月结月清，而且可以在协议中与客户约定：在客户购买电量的时候，按比例扣下一部分陈欠电费，直到还清为止。这样可以有效加强电费的回收，减少欠费的发生。

2. 行政手段

(1)实行按月分期抄表付费制度，即每月分三次抄表收费，并联合银行、与客户签订三方协议，在协议中明确划款日期、划款金额、违约金等情况。此种方法在缩短电费回收周期的同时，可以有效控制企业电费催收难以及因企业经营困难或破产而带来的欠费风险。

(2)如果对欠费客户拉闸限电,会产生较大的政治影响和社会影响,供电企业可以派专人上门催缴,如果还是无法解决电费拖欠问题,可以考虑向该客户的上级部门反映,或者通过媒体向社会公布"欠费黑名单",增加舆论压力的办法促使该客户缴纳电费。

3. 经济手段

(1)严格执行电费滞纳违约金制度。用电客户在现供电企业规定的期限内未交清电费时,应承担电费滞纳的违约责任,这是供电企业遏制用电客户人为拖欠电费最有效的经济手段,同时,对于恶意拖延电费缴纳时间的客户,可以提高其滞纳金的额度,加大其违约风险。

(2)建立电费风险财产担保制度。电费风险财产担保是债权人需要以担保的法律形式保障其债权人实现的经济活动,有利于确保债权人利益的实现。对电费债务人而言,实际上是以处分资产使用权、经营权的方法,激励其偿还电费债务。实行电费风险抵押担保使供电企业持有的国有电费债权在假使该厂进入破产程序之前已经拥有着优先受偿权,大大增强了电费回收的安全性。可以依据法人客户的用电类别、企业性质、资产状况,由双方协商确定,采用担保法规定的保证、抵押、定金等担保方式,担保合同只作为供用电合同的附件。对已设定担保,不按协议交纳电费的,履行担保合同。

4. 法律手段

(1)依法采取停、限电措施。对拖欠电费的客户依法停、限电,是法律赋予供电企业的重要手段。但在使用停、限电手段前一定要做到手续全、依法办、无后患,还要认真分析和预测停、限电可能带来的社会影响,对可能危及社会稳定和用户安全的问题要高度重视。但也应注意,在催收电费时,绝不能动不动就一律停电、限电,对于那些拖欠户,也要区别情况,做深入细致的思想工作。

(2)依法追缴电费,对恶意拖欠数额较大的可依法向人民法院起诉,申请协助追缴。

此外,通过客户细分系统对电力客户的欠费金额、欠费次数、欠费天数等进行细分,根据细分结果也可以将欠费金额划分为几个等级,对于欠费金额较高,次数、金额、天数较多的客户,同样可以相应地采用上述技术、行政、经济、法律等手段。

6.3 居民客户电费缴费方式配置策略

居民客户具有客户数量巨大、分布广泛、月均电费小、占全社会总消耗电量比例低等特点,因此,不断改进当前缴费方式、拓宽居民缴费渠道,方便居民客户缴费是电力企业承担社会责任的具体体现。在居民客户电费缴费方式配置策略选择方面,首先应考虑改善当前现有缴费方式,逐步推行新型缴费方式,并注意结合区域特点制定适合各区域的缴费方式组合。

6.3.1 不断改进现有缴费方式

根据调查,供电局营业厅、银行窗口、储蓄代扣缴费是当前居民客户主要的电费缴纳方式。调查结果还显示,这 3 种缴费方式在实际应用过程中,仍存在一些问题。

1. 便利程度

通过受访者对目前经常使用的缴费方式的便利程度的认知比较,可以看出,受访者认为供电局营业厅缴费最为方便,银行窗口代收缴费次之,银行储蓄代扣最不方便(见表 6-1、图 6-2)。受访者认为营业厅缴费最为方便的原因可能是除了缴纳电费,还可以在供电局营业厅办理其他电力相关业务;认为银行窗口代收比较方便的原因可能是银行营业网点分布的完善及办理其他金融业务的便利；而认为储蓄代扣最不方便的原因应该是储蓄代扣无法提供发票，从而导致客户对资金使用状况不清楚。

表 6－1　居民客户主要缴费方式便利程度比较

	选项	频次/次	比例
供电局营业厅缴费方式	方便或一般	252	90.3%
	不方便	27	9.7%
银行窗口代收缴费方式	方便或一般	233	82.3%
	不方便	50	17.7%
银行储蓄代扣缴费方式	方便	164	59.2%
	不方便	113	40.8%

注：一些受访者只回答了部分问题，所以各题目总频次之和不等。

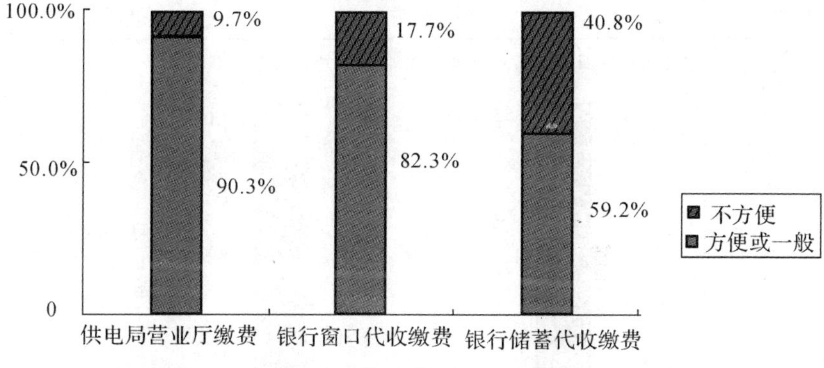

图 6－2　居民客户主要缴费方式便利程度比较

2. 服务态度

受访者对于供电局营业网点工作人员服务态度的满意度，明显高于银行窗口代收方式（见表 6－2、图 6－3）。有 31.9%，62.6%及 5.5%的受访者分别对供电局工作人员服务态度感到非常满意、基本满意及不满意。有22.2%,58.9%及19.0%的受访者对于银行窗口代收电费工作人员服务态度感到非常满意、基本满意及不满意。银行窗口代收电费方式的主要问题为客户排队等待时间太长,并且客户对银行窗口代收电费工作人员服务态度的满意度不高。

表6-2 供电局与银行窗口工作人员服务态度比较

	选项	频次/次	比例
供电局工作人员服务态度	非常满意	81	31.9%
	基本满意	159	62.6%
	不满意	14	5.5%
银行工作人员服务态度	非常满意	55	22.2%
	基本满意	146	58.9%
	不满意	47	19.0%

注:一些受访者只回答了部分问题,所以各题目总频次之和不等。

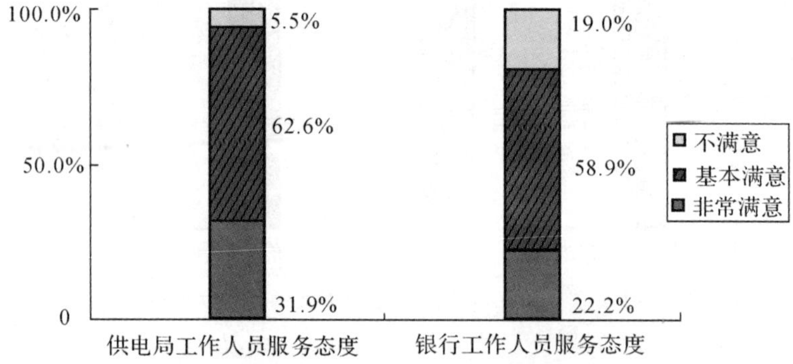

图6-3 供电局与银行窗口工作人员服务态度比较

3. 等待时间

供电局营业网点坐收和银行窗口代收都存在客户缴费排队等待时间较长的问题,银行窗口代收方式则更为突出。有23.3%的受访者认为供电局营业厅缴费排队等待时间"太长",有37.1%的受访者认为银行代收缴费排队等待时间"太长"(见表6-3、图6-4)。供电局营业厅缴费方式和银行窗口代收电费方式的客户缴费排队等待时间较长的问题都比较突出。

表6-3 供电局营业厅缴费与银行窗口代收缴费等待时间比较

	选项	频次/次	比例
供电局营业厅缴费等待时间	较短	74	26.9%
	能接受	137	49.8%
	太长	64	23.3%
银行窗口代收缴费等待时间	较短	49	18.9%
	能接受	114	44.0%
	太长	96	37.1%

注:一些受访者只回答了部分问题,所以各题目总频次之和不等。

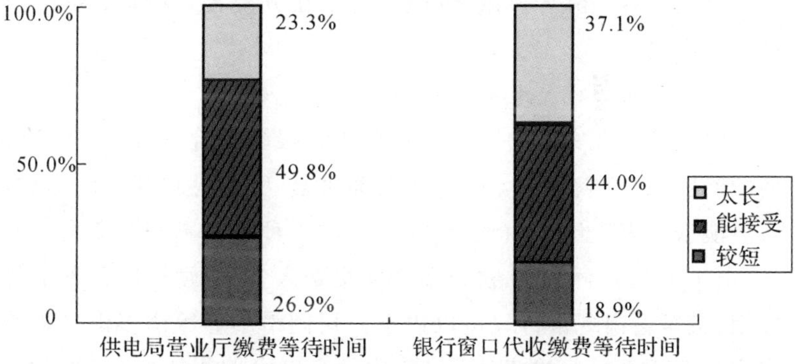

图6-4 供电局营业厅缴费与银行窗口代收缴费等待时间比较

通过上述比较发现，当前供电局营业厅缴纳电费的不足之处是客户排队等待时间较长，银行窗口代收电费的不足之处是客户排队等待时间太长和客户对银行工作人员服务态度的满意度较低，银行储蓄代扣的主要问题是客户出于资金安全和账务信息的担忧对其接受程度较低，针对上述各自不足，相关建议如下：

1.供电局营业厅缴纳电费方式

对于居民客户反映的供电局缴纳电费排队等待时间较长，可以从三个方面加以改善：第一，通过简化缴费流程、缩短单个客户缴费时间等来降低客户排队等待时间；第二，在客户密集、商业繁华区域适当增加营业厅数量，使客户缴费地点具有选择性；第三，改善营业厅布局，通过放置报刊、简单座位等缓解客户等待焦急感。

此外，关于居民客户欠费调查的结果显示，有52.7%的法人客户和48.9%的居民客户欠费的原因为忘记缴费截止时间，因此，供电局营业厅除了收取现金电费之外，还可以考虑承担客户电费缴纳提醒职能。在客户缴费截止时间之前，通过电话通知、短信息等方式及时提醒客户缴纳电费，可以在方便客户的同时提高当期电费回收率。

2.银行窗口代收电费方式

电力客户在交费的同时可能会咨询很多电价政策、电费等方面的问题，银行职员不可能给予明确答复，特别是在繁忙的时候，有可能服务态度比较生硬，给客户造成一种服务不好的印象。此外，由于电费数额小、在收费高峰期交费人多、激励机制跟不上等原因，甚至会出现银行职员以供电公司网络不通等诸多借口拒绝客户现金缴纳电费的情况。针对银行窗口代收电费方式存在的问题，供电部门可考虑采用下列措施加以解决：

(1)为解决银行窗口代扣电费客户满意度不高的问题，在与银行签订代收协议时，将代收电费业务纳入银行客户服务评价范畴，电力客户在缴纳电费时可以对银行窗口工作人员服务进行评价。及时与合作银行沟通，确保电力客户的意见能得到银行管理部门妥善处理。

(2)为解决电力客户银行窗口缴纳电费排队时间太长的问题，一方面可以考虑扩大合作银行数量，另一方面可以考虑改善与银行合作代收电费的形式。

3.银行储蓄代扣电费方式

银行储蓄代扣电费在确保电费资金安全、降低电费回收成本、缩短电费回收周期、提高电费回收率等方面存在较大的优势，因此供电部门应当加强对该方式的推广力度。针对银行储蓄代扣存在的问题，供电部门可考虑采用下列措施加以解决：

(1)对于理财观念落后，对银行储蓄代扣电费的准确性持怀疑态度、觉得银行会多扣或错扣而抗拒办理业务的客户，电力部门可以考虑联合合作银行，加大对银行储蓄代扣方式的宣传，使客户加深对银行储蓄代收的了解，澄清客户关于资金安全的误解。

(2)对于部分客户担心未能及时了解电费信息，无法进行“对账”，可以鼓励客户使用存折账户，如果客户需要账户资金明细信息，银行可以打印出资金的明细信息，或者及时将电费信息、资金信息以短信形式通知客户。

(3)对于部分客户担心账号余额不足、未能及时补充存款而产生违约金的情形，可以协调合作银行，采取发送短信通知等方式通知客户余额信息。

6.3.2　逐步推出新型缴费方式

在对待推出缴费方式进行调查时，考虑到这些新的缴费形式主要面向对象为居民客户，因此，仅就居民客户对这些缴费方式的接受程度进行了调查。

1. 便捷程度调查

电费充值卡和电话银行可以随时随地缴纳电费，而代收点缴费仍有营业时间和地理位置等的限制。通过对待开通缴费方式调查结果的比较发现，受访者认为电费充值卡最为便捷，电话银行次之，代收点缴费方式略差（见表6－4、图6－5）。

表6－4　不同缴费方式便捷程度比较

	选项	频次/次	比例
代收点缴费便捷程度	方便	157	54.9%
电费充值卡缴费便捷程度	方便	195	68.2%
电话银行缴费便捷程度	方便	154	61.2%

注：①回答“不方便”“一般”“不清楚”等其他选项的受访者未计算在内；②由于受访者不会使用互联网的比例高达40.6%，故网上银行缴费的便捷程度未予比较。

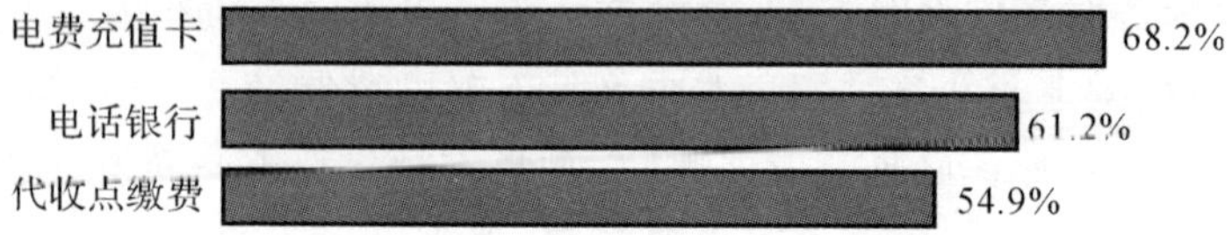

图6－5　不同缴费方式便捷程度比较

2. 资金安全性

超过30%的受访者认为电话银行和网上银行不安全，有近30%的受访者不清楚网上银行和电话银行的资金安全性（见表6－5、图6－6）。

表 6－5　不同缴费方式资金安全性比较

	选项	频次/次	比例
网上银行资金安全性	安全	120	43.6%
	不安全	96	34.9%
	不清楚	59	21.5%
电话银行资金安全性	安全	77	38.5%
	不安全	60	30.0%
	不清楚	63	31.5%

注：一些受访者只回答了部分问题，所以各题目总频次之和不等。

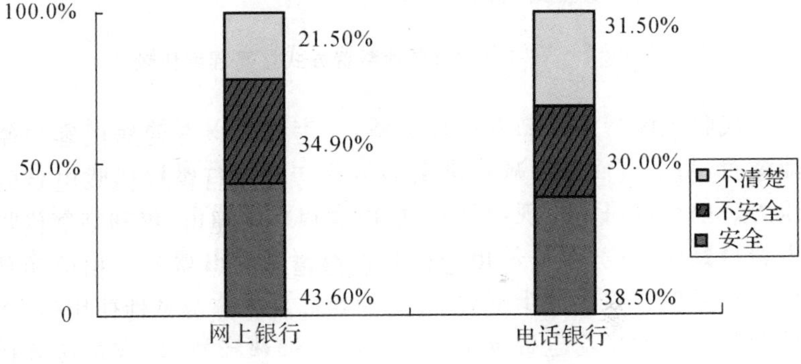

图 6－6　不同缴费方式资金安全性比较

3. 接受程度调查

代收点缴费和电费充值卡缴费方式均得到了超过 40%受访者的认同，相比之下，电话银行和网上银行的居民接受程度较低(见表 6－6、图 6－7)。

表 6-6 居民客户对不同缴费方式接受程度比较

	选项	频次/次	比例
代收点缴费	当然会用	124	43.4%
电费充值卡	选择使用	124	43.4%
网上银行	使用	20	7.0%
电话银行	选择使用	70	24.5%

注:①选择“可能使用”“不清楚”等其他选项的受访者未计算在内;②重复出现的数字表明不同题目选项的统计结果有频次相同的情况。

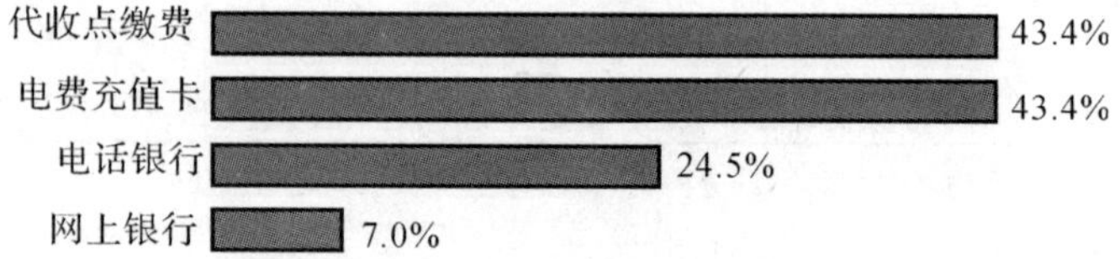

图 6-7 居民客户对各种缴费方式接受程度比较

代收点缴费方式贴近居民生活,一方面可以方便居民客户便捷缴费,另一方面可以减轻供电局营业厅及银行窗口代收电费的压力。但在调研时发现,有部分居民客户对于超市、报刊亭等代收电费持疑虑态度,主要是担心代收点截留客户电费款。相信随着代收点缴费方式的逐步推行,居民客户经过不断尝试性使用后,在体验代收点缴费给电费缴纳带来的较大便捷之后,会逐步接受代收点缴费方式。

各个区域的受访者均对电费充值卡缴费方式表现出了较高的接受程度。电费充值卡的销售可以是供电局营业厅、超市、各个社区的小卖部、报刊亭等任意地点,客户只要购买了电费充值卡就可以进行电费充值,在一定程度上打破了电费缴费的时空限制。此外,电费充值卡的操作过程与手机话费充值卡类似,推广以后能够被大部分客户迅速掌握。不过,考虑到受访者在答题时忽略了一个很重要的因素，即拨打电话进行电费充值操作是要按照市话收取电话费的，因此，在电费充值卡的实际推广过程中，客户的实际接受程度会低于调查显示的客户预期接受程度。

目前，大部分电话银行的业务功能除了基本的账户余额查询、历史交易明细查询以外，还可以提供缴费、汇率查询以及各项理财投资交易和咨询等近百种服务。电力用户对于采用电话银行缴纳电费接受程度的主要瓶颈还是对于电话银行业务模式的陌生，一方面是对于其安全性的担忧，另一方面可能是因为通过电话进行电费充值操作时需要收取市话费。

在居民客户中推广网上银行缴纳电费，应基于缴纳电费的居民客户有一定比例的客户联网操作、有便利的上网条件，使用过相关网上银行业务。尽管调查显示，当前缴费的电力客户中存在较大的比例的客户不会使用互联网，但是考虑到调查样本主要为营业厅缴费客户，以及当前居民客户家庭缴费主体并非是家庭中计算机水平相对较高的群体，因此，网上银行缴纳电费方式推广后的接受度会比预期的要高一些。在推广网上银行缴纳电费时，可以考虑首先加大对政府部门、学校、市区居民客户等网络接触程度较高群体的宣传示范。

6.3.3　关注区域差异，搭建高效缴费平台

电费缴费方式的接受程度与各地区经济、社会、文化教育、消费者行为习惯等方面的因素密切相关。通过电费缴费方式问卷调查发现，不同区域的电费缴费方式运行情况存在着显著的差异性，各区域受访者对于各种缴费方式的接受程度也不尽相同。因此，只有着眼于区域客观差异，才能合理、优化配置各区域缴费方式，进而在实现提高电费回收率、缩短电费回收周期并方便客户缴费等预期效果的同时最大程度减少电力企业的资源投入。

1. 市区电力局的缴费方式配置

调查显示，A 市区电力局居民客户当前电费的主要缴纳方式为供电局网点坐收，银行窗口代收的比例显著偏低。电费充值卡、超市代收及 IC 卡购电是 A 市区电力局受访居民客户比较希望采用的缴费方式，同时，受访居民客户对代收点缴费方式和电费充值卡接受程度较高（见表 6－7、图 6－8）。

表 6－7　A 市区电力局受访居民客户经常采用的缴费方式

缴费方式	银行窗口代收	自助缴费机	IC 卡购电	银行储蓄代扣	供电局网点坐收
比例	15.0%	17.0%	17.6%	25.5%	45.1%

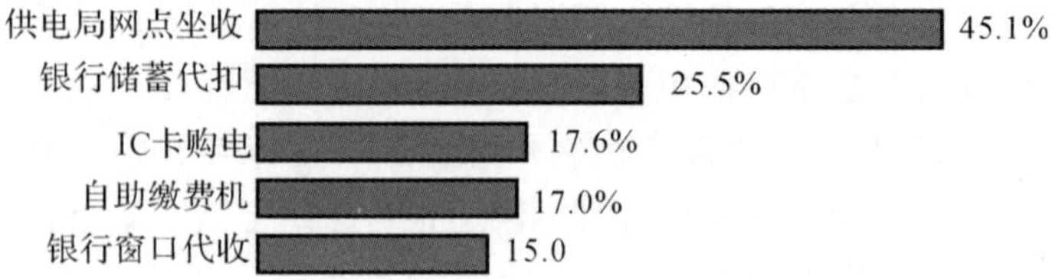

图 6－8　A 市区电力局受访居民客户经常采用的缴费方式

A 市区电力局的受访者最希望开通的缴费方式为电费充值卡和超市代收方式。有分别近 20%的受访者希望开通 IC 卡购电、流动缴费车、自助缴费机、电话银行等方式（见表 6－8、图 6－9）。

表 6－8　市区电力局受访居民客户希望采用的缴费方式

缴费方式	联收	网上缴费	手机银行	报刊亭代收	电话银行	自助缴费机	流动缴费车	IC 卡购电	超市代收	电费充值卡
比例	7.2%	11.1%	11.8%	15.0%	17.0%	19.0%	19.0%	21.6%	37.3%	42.5%

A 市区电力局的受访者对于代收点缴费、电话银行、电费充值卡等方式的接受度较高（见表 6－9、图 6－10）。

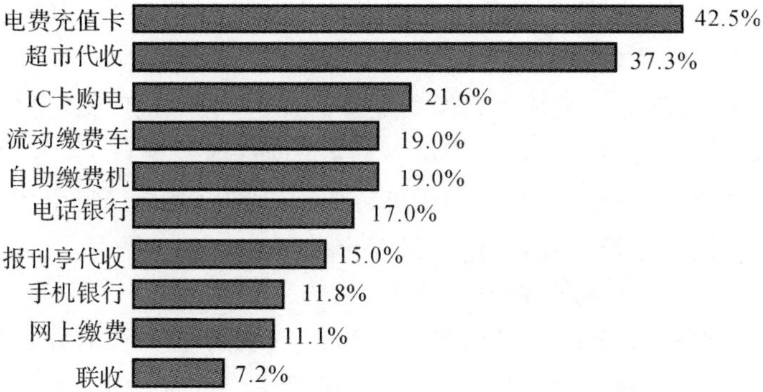

图 6-9　A 市区电力局受访居民客户希望采用的缴费方式

表 6-9　A 市区电力局受访居民客户各种缴费方式接受程度比较

比例 选项 缴费方式	选择使用	可能用	不使用
代收点缴费	67.9%	26.0%	6.1%
电费充值卡	54.6%	33.6%	11.8%
网上银行	8.6%	21.4%	70.0%
电话银行	61.1%	35.8%	3.2%

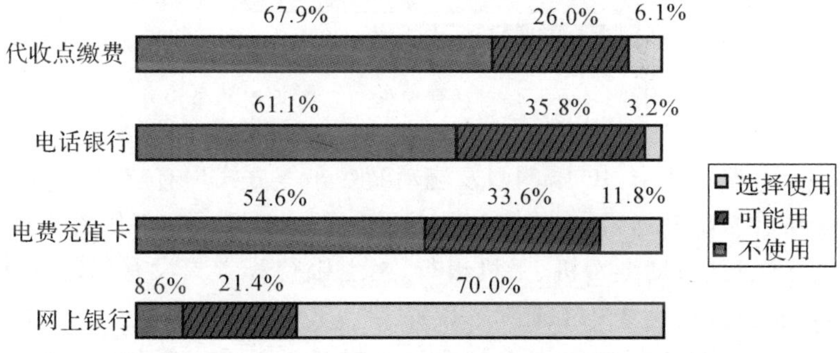

图 6-10　A 市区电力局受访居民客户各种缴费方式接受程度

因此,A 市区电力局的电费缴费方式配置策略为:解决银行窗口代收电费方式中存在的问题,提高客户对银行窗口代收电费的使用率,降低供电局柜台缴费业务的压力;大力推广银行储蓄代扣,降低电费回收成本、缩短电费回收周期;逐步推行 IC 卡购电,推动电费收缴模式由赊售向预售转变;开通电话银行、超市代收等代收点代收电费方式,方便居民客户缴费。

2.B 电力局的缴费方式配置

调查显示,B 电力局居民客户当前电费的主要缴纳方式为银行窗口代收和银行储蓄代扣。电费充值卡、IC 卡购电、流动缴费车、超市代收等方式是 B 电力局受访居民客户比较希望采用的缴费方式,同时,受访居民客户对代收点缴费方式和电费充值卡接受程度较高(见表 6-10、图 6-11)。

表 6-10　B 电力局受访居民客户经常采用的缴费方式

缴费方式	供电局网点坐收	银行储蓄代扣	银行窗口代收
比例	32.0%	49.0%	66.0%

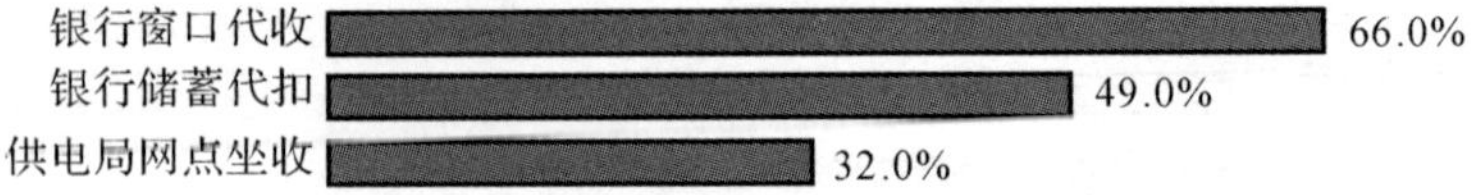

图 6-11　B 电力局受访居民客户经常采用的缴费方式

电费充值卡、IC 卡购电及流动缴费车等方式均有超过 30% 的受访者希望开通,也有一定比例的受访者希望开通超市代收电费。电话银行、自助缴费机、手机银行、网上银行等方式没有引起受访者的关注(见表 6-11、图 6-12)。

B 电力局有 70% 以上的受访者对于是否会选择使用代收点缴费、电费充值卡等方式态度含糊,有近 40% 的受访者表示不会选择电话银行方式，超过70％的受访者表示不会选择使用网上银行（见表6－12、图6－13）。

表6－11　B电力局受访居民客户希望采用的缴费方式

缴费方式	联收	网上缴费	手机银行	报刊亭代收	电话银行	自助缴费机	流动缴费车	IC卡购电	超市代收	电费充值卡
比例	2.0％	6.0％	7.0％	9.0％	10.0％	16.0％	24.0％	31.0％	33.0％	38.0％

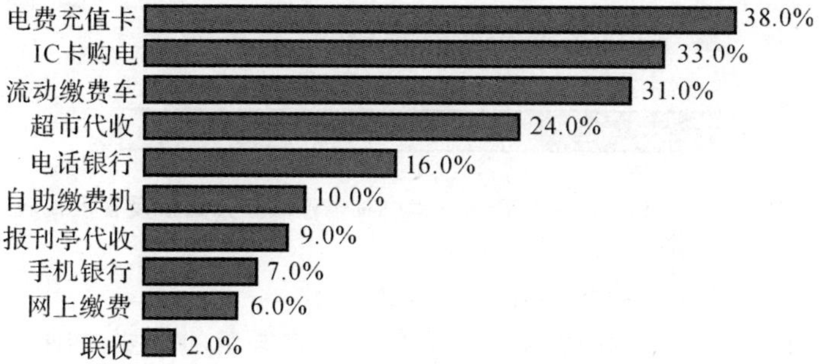

图6－12　B电力局受访居民客户希望采用的缴费方式

表6－12　B电力局受访居民客户对各种缴费方式接受程度比较

比例 选项 缴费方式	选择使用	可能用	不使用
网上银行	7.1％	26.5％	76.4％
电话银行	9.5％	52.4％	38.1％
电费充值卡	11.3％	81.4％	7.2％
代收点缴费	22.7％	74.7％	2.7％

因此，B电力局的电费缴费方式配置策略为：继续发挥银行窗口代收电费和银行储蓄代扣电费方式在电费回收工作中的主体作用；逐步推行IC卡购电方式；辅之以增加超市代收等缴费方式，拓

宽缴费渠道，方便客户缴费。

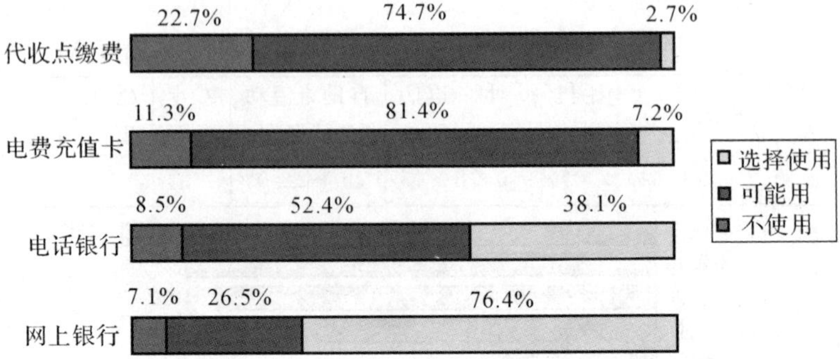

图 6-13　B 电力局受访居民客户对各种缴费方式接受程度比较

3. C 供电分局的缴费方式配置

调查显示，C 供电分局居民客户当前电费的主要缴纳方式为银行窗口代收和供电局营业网点坐收，银行储蓄代扣的比例明显偏低。电费充值卡和 IC 卡购电是市区电力局受访居民客户比较希望采用的缴费方式，同时，受访居民客户对代收点缴费方式和电费充值卡接受程度较高(见表 6-13、图 6-14)。

表 6-13　C 供电分局受访居民客户经常采用的缴费方式

缴费方式	银行储蓄代扣	供电局网点坐收	银行窗口代收
比例	11.8%	38.2%	61.8%

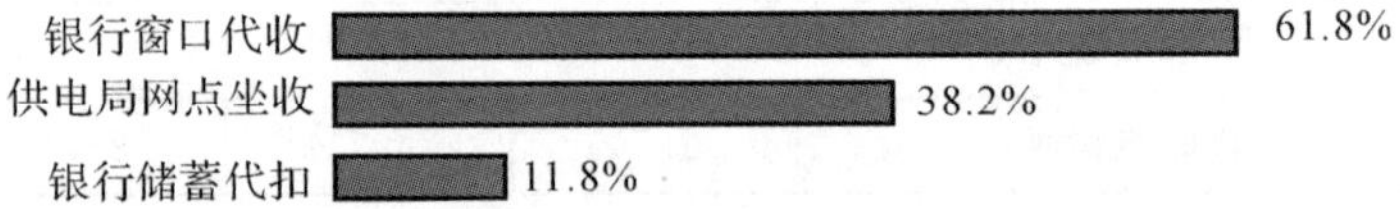

图 6-14　C 供电分局受访居民客户经常采用的缴费方式

调查显示，C 供电分局有超过一半的受访者表示希望开通电费充值卡缴费方式，超过 30％的受访者希望开通 IC 卡购电方式，其他各种缴费方式受访者希望开通的比例较低(见表 6－14、图 6－15)。

表 6－14　C 供电分局受访居民客户希望采用的缴费方式

缴费方式	电话银行	流动缴费车	网上缴费	群收	报刊亭代收	自助缴费机	IC 卡购电	电费充值卡
比例	2.9％	5.9％	8.8％	14.7％	14.7％	17.6％	32.4％	52.9％

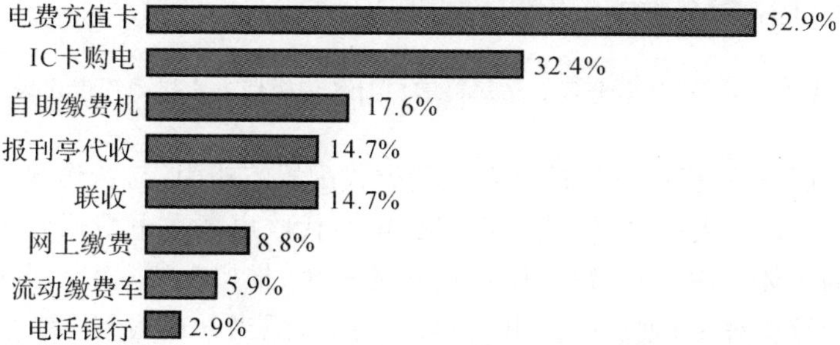

图 6－15　C 供电分局受访居民客户希望采用的缴费方式

约 90％的受访者表示如果开通电费充值卡缴费方式，会选择使用；60％的受访者表示会选择使用代收点缴费方式。电话银行和网上银行缴费方式的客户接受度较低(见表 6－15、图 6－16)。

表 6－15　C 供电分局受访居民客户对各种缴费方式接受程度比较

比例 选项 / 缴费方式	选择使用	可能用	不使用
网上银行	3.0％	54.5％	42.4％
电话银行	17.6％	82.4％	
代收点缴费	60.0％	40.0％	
电费充值卡	90.9％	6.1％	3.0％

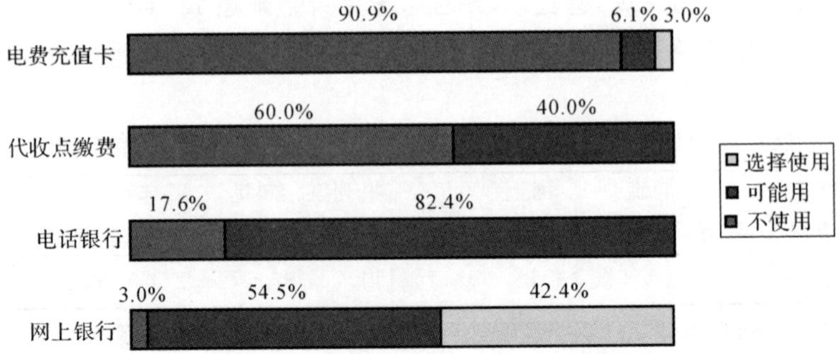

图 6-16　C 供电分局受访居民客户对各种缴费方式接受程度比较

因此,C 供电分局的电费缴费方式配置策略为:与合作银行保持良好的业务关系,继续发挥银行窗口代收电费在电费回收工作中的主体作用;加大银行储蓄代扣的宣传、推广力度,提高居民客户的接受程度;重点推行 IC 卡缴费方式,适当开通报刊亭代收点缴费方式。

6.4　配套措施

6.4.1　引导客户转变电力消费观念

将常规的先用电后付费改变为先付费后用电,这本身就是一种交易习惯与模式的重大变革。面对这样一个变革,作为社会公众乃至政府部门一时是难以理解与接受的,他们甚至认为这是供电企业在利用自身的垄断地位限制竞争,违反了我国的《反不正当竞争法》。面对此种情况,供电企业就要通过各种有效的途径,切实做好耐心细致的宣传和解释、说明工作。对于社会公众,要从用电人的角度不厌其烦地宣传预收电费方式的积极意义与作用,真正使用电人对预收电费这一新生付款方式能够心悦诚服地接受,并在协商一致的基础上在合同中予以约定;对于政府部门,则要耐心地向他们解释目前电力企业面临拖欠电费的严重形势,而预收电费方式则是避免拖欠电费的有效途径。与此同时,提供国家相关的法律法规与文件予以佐证,说明预收电费方式是供用电双方对合同付款方式的约定,而非所谓的不正当竞争,以此寻求他们的理解与支持。只有如此,才能顺利实施预收电费方式。

6.4.2　注重新型缴费方式的宣传推广

网上银行、电话银行、自助缴费机、电费充值卡等收费方式是伴随着新技术的发展产生的,同时也依赖于服务提供商和供电公司多方面技术的发展和进步。这些方式的推出,将为客户提供更多的选择余地,一方面可以使客户足不出门就方便、快捷地完成电费缴纳,另一方面,也可以缓解缴费高峰期营业厅的缴费压力,保证电费按时回收。相信随着技术的进步、时代的发展,可能还会有更多收费方式的出现。然而,由于大部分的客户具有传统的缴费观念及对新的缴费方式不了解,因此,为更好地向不同类型的客户推广这些新的缴费方式,就需要积极引导客户了解这些方式。

6.4.3　规范业务数据,实现客户动态评价

通过对电力客户用电量、电费额、欠费额、缴费方式等业务数据的分析,可以得出许多有益于电力企业缴费方式配置的信息。用电量大、电费额高、欠费少的客户是电力企业的优质客户,电力企业应当加强与该类型客户的沟通,及时提供优质高效的电力服务。相反的情况,电量大、电费额高却经常欠费,并且欠费额较大的客户应该引起电力企业的关注,根据用电信息和客户生产经营状况分析其欠费原因,并及时采取相应措施保障电费的及时、足额回收。对客户的动态分析、评价以及相应措施的采取都是基于完善、规范的客户数据的长期积累,因此,电力企业应当从业务数据

录入环节开始规范整个业务数据的处理流程。

在规范客户数据之后，可依据客户每月业务数据，运用客户细分及价值评价信息系统对电力客户进行细分、评价。通过对客户用电信息细分，可迅速发现欠费客户，便于电力企业的电费回收管理工作的进行。通过对每个月客户的用电信息评价，加强对价值高的电力客户关系管理，积极关注潜在价值高的电力客户。

6.4.4 搭建客户服务领域信息平台

电力企业应通过加强对客户服务领域的信息平台的建设，与客户实现信息的交流互动。具体到电费缴纳，主要需要实现两个基本功能：第一个功能是电力企业需要借助信息平台发布客户的用电量、电费等信息，客户要能够方便、快捷地获取到自己的用电信息；第二个功能是电力客户在获知当月电费后，要能通过电力企业的信息平台实时缴费，并及时获取缴费凭证。国内外一些电力企业通过在门户网站上添加客户电费信息模块，客户可以通过注册账号登录系统，实时查询当月或往月用电信息，通过电子银行实现在线缴纳电费，并及时收到邮件提醒。除了 Internet 技术，电力企业也可以通过短信平台将电费信息及时发布给客户，客户也可以通过手机银行等方式缴纳电费，通过接受短信回执作为缴费凭证。无论如何，信息化程度较高的各种缴费方式的迅猛发展要求电力企业需要及时加强门户网站、短信平台等客户服务领域内相关信息平台的建设。

6.4.5 加强与相关部门的沟通、协调

电力企业要加强电费回收过程中与相关部门的沟通、协调，具体包括：第一，加强与银行等代收电费部门的沟通，及时分析并共同克服电费收缴中的问题；第二，注重与政府相关部门的沟通，例如，向相关领导汇报电费欠费问题给电力企业经营带来的问题，争

取政府部门对欠费客户采取相关措施时的理解和支持;第三,保持与其他公共事业单位的沟通,相互交流各种公共事业费用收缴方式的经验,共同探讨城市公共事业缴费平台的建设问题,并可以就缴费工作中存在的共性问题一起向政府相关部门提出建议。

6.5　本章小结

本章探讨了法人客户基于不同价值的差异化缴费服务和结合电费缴费方式强化欠费法人客户管理的相关措施,分析了居民客户现有缴费方式的改进措施、待开通缴费方式的接受程度以及各区域具体的居民客户缴费方式配置策略,并给出了相应的配套措施建议。

第7章 结 束 语

研究电费缴费方式的根本目的是为了让客户能够及时、尽早、便捷地缴纳电费。客户及时缴费可以提高电费回收率,降低电力企业经营风险;客户尽早缴费可以减少电费在途时间、缩短电费回收周期,为电力企业带来资金的使用价值;只有为客户提供便捷的缴费方式,客户才会及时缴费,才能尽早缴费,也才会提高对电力企业服务的满意度。

通过对国内外关于电费缴费方式相关研究文献的收集、分析,发现现有研究还存在如下不足:

(1)现有电费缴费方式的研究主要集中在电力行业人员对各种电费缴费方式的笼统介绍、说明及电费收缴工作中的一些实践总结,专门深入、系统地研究各种电费缴费方式的概念、特点、适用场合等的资料并不多见。

(2)同时,结合客户需求、特点的电费缴费方式的研究(即基于客户细分的电费缴费方式的研究)文献较少,不同客户对电费缴费服务的需求不尽相同,而不同缴费方式所能提供的缴费服务并不能满足所有客户的所有需求。因此,研究电费缴费方式时,考虑客户不同需求,将电费缴费方式与客户类型进行匹配分析就显得尤为重要。

(3)将电费缴费方式研究的落脚点放在避免欠费、缩短资金回收周期,兼顾以优质服务来提高客户满意度的研究目的上的较少,对企业经营的实际指导意义不大。

基于上述不足,本书主要做了如下工作:

首先，本书对国内外现有缴费方式进行了归纳、整理、分析，研究了每种缴费方式的内涵、特点及适用场合，并分析了国内外电费收缴方式的发展趋势。

接着，本书研究了电力客户细分方法，构建了电力客户价值评价指标体系，在此基础上进行了电力客户细分及价值评价信息系统的分析、设计与实现。

然后，本书设计了电费缴费方式调查问卷，进行了问卷调查，分析了电力客户缴费现状，统计了当前各种电费缴费方式的运作状况及客户对于各种待开通缴费方式的接受程度，调查了客户欠费的相关情况。

最后，本书给出了相应的配套措施建议。提出了电费缴费方式的配置原则，结合客户细分及价值评价信息系统的分析结果和电费缴费方式调查的问卷统计情况，就法人客户和居民客户不同特点分别分析了相应的缴费方式配置策略。

通过上述工作，我们得到如下结论：

(1)国内现行的电费收缴方式主要为 18 种，分别是：供电公司营业厅缴费方式、人工走收缴费方式、银行代收缴费方式、银行转账结算缴费方式、同城特约委托收款缴费方式、银行折(卡)代缴方式、邮政储蓄代收缴费方式、网上缴费方式、电话银行缴费方式、手机银行缴费方式、银行自助终端缴费方式、供电公司自助终端缴费方式、电费充值卡缴费方式、社会化代收点缴费方式、临时收费点缴费方式、IC 卡购电缴费方式、负荷控制预购电缴费方式、合作营业厅柜台缴费方式。这些缴费方式的内涵、特点、适用场合不尽相同。

(2)国外及我国港台地区电费先进收缴方式的主要特点：信息化程度高、自动化程度高、个人支票支付比较普及、强调缴费过程中以客户为中心的服务理念、关注社会责任。

(3)国内外电费收缴方式的发展趋势:由面对面缴费向自助式缴费发展、由现金支付方式向非现金方式支付转变、公共事业缴费平台逐步发展、收费网点进入社区、由赊销向预购制转变。

(4)电力客户细分维度包括:区域、行业、经济性质、缴费方式、用电类型、客户类别、契约总容量、运行容量、电压等级、用电属性等。

(5)电力客户价值包括当前价值和潜在价值。当前价值包括用电情况和信用情况等两个方面。购电情况可以用电量、电压等级、用电负荷率、功率因数、平均电价、契约总容量、低谷用电率、运行容量等8个指标来测量;信用情况可以用电费回收率、当前欠费余额、电费回收准时度这3个指标来测量。潜在价值,即客户用电发展潜力,可以用电量增长率、电量增长贡献率、电费增长率、电费增长贡献率等4个指标测量。

(6)某地区法人客户当前主要通过银行窗口代收、供电局营业网点坐收、银行托收等电费缴费方式,居民客户较为常用的电费缴费方式为供电局营业网点坐收电费和银行窗口代收电费。供电局营业网点坐收缴费方式的主要问题为客户排队等待时间太长;银行窗口代收缴费方式的主要问题为客户排队等待时间长和居民客户对银行服务人员态度满意度低等;银行储蓄代扣客户接受度低的原因主要为客户对于账户资金安全的担忧、无法提供发票导致的对电费信息的不清楚。

(7)电力企业应根据客户细分及价值评价结果为电力客户提供差异化的缴费服务。负控购电等预付制缴费方式应首先运用于当前价值和潜在价值均较低、经常欠费的法人客户,分次划拨可以作为预防拖欠电费的一种折中解决办法。对于经常欠费的中小法人客户,也可以采用IC卡购电方式对其欠费进行管理控制。

(8)居民客户的缴费方式应以银行代收、储蓄代扣为主,供电局营业厅缴费为辅;应重点推行 IC 卡购电方式,推动电费从赊售向预售制转变;自动缴费机、网上银行、电话银行等缴费方式的推广要视城镇居民的信息化水平而定。

(9)A 市区电力局、B 电力局和 C 供电分局应依据区域内各种缴费方式的运行现状和各自客户的特点制定相适应的缴费方式配置策略。

附录　电费缴费方式调查问卷

附件一　电力客户缴费方式满意度调查问卷(法人客户)

调查说明:

为了秉承“一强三优”的公司发展战略目标,把“方便用户”“一切为了用户满意”放在首位,树立“客户的需要就是供电工作一切出发点和落脚点”的价值观,将“为人民服务,树行业新风”的认识落实在行动上,我们A市供电局开展了本次电力客户缴费方式满意度的问卷调查。“始于客户需求,终于客户满意”,我们一直在努力!

本次调查的目的在于了解A市供电局当前多种缴费方式运作现状,分析不同类型客户对缴费方式的不同需求。根据调查结果,总结当前缴费工作中经验及不足,以期为制定合理的缴费方式配置决策提供科学依据,从而为客户提供快捷便利缴费方式,提高客户满意度。

每位被调查成员对本调查的各项内容都会有自己的观点,因此您的回答对本次调查的结果有重要影响,请认真作答,在问卷中反映您真实的看法。

您对问卷的所有回答都是匿名的,问卷结果只用于统计分析,对您的个人资料,我们将根据《中华人民共和国统计法》予以保密,问卷回答不会对您个人产生任何不良影响。

谢谢!

一、客户基本情况(请在符合的选项后划"√",没有选项的请在横线上填写)

1.客户编号:________________________

2.单位名称:________________________

3.联系人:____________联系电话:____________

4.单位地址:____________邮编:____________

5.贵单位是否为电力大客户:是 □　　　　否 □

6.贵单位所属区域:

01 A市供电局营销部 □　02 A市区电力局 □　03 B电力局 □

04 C供电分局 □

7.贵单位平均每月电费:

10 000 元以上 □　5 000～10 000 元 □　2 000～5 000 元 □

2 000 元以下 □

8.贵单位的性质是:

01 国有 □　02 集体 □　03 私营 □　04 合资 □

05 独资 □　06 其他 □

9.贵单位所属行业:

农、林、牧、渔业 □　采矿业 □　制造业 □

电力、燃气及水的生产和供应业 □　建筑业 □

交通运输、仓储和邮政业 □　信息传输、计算机服务和软件业 □

商业、住宿和餐饮业 □　金融、房地产、商务及居民服务业 □

公共事业及管理组织 □　其他 □(____________________)

二、电费缴费方式调查(请在符合的选项后划"√",没有选项的请在横线上填写)

1.贵单位经常采取下列哪几种缴费方式缴纳电费(可多选)?

走收□　银行托收□　银行储蓄代扣□

银行窗口代收□　自助缴费机□

供电局营业网点坐收□　负控购电□

电、水、气等多种费用一起缴纳(联收)□

2.贵单位对当前缴费便利程度是否满意?

满意 □　　　不满意□(原因:______________________)

3.贵单位希望通过下列哪几种方式缴纳电费?

坐收 □　　　托收 □　　　银行窗口代收 □

银行储蓄代扣 □　　　网上缴费 □　　　手机银行 □

自助缴费机 □　　　电话银行 □　　　负控购电 □

电费充值卡(类似于手机充值卡) □

电、水、气等多种费用一起缴纳(联收) □

4.贵单位对上门收缴电费工作人员的服务满意吗?

满意 □　　　不满意 □(原因:________________)

5.请对A市供电局营业网点工作进行评价:

通过营业厅缴费便捷程度:方便 □　一般 □　不方便 □

工作人员服务态度:非常满意 □　基本满意 □　不满意 □

缴费等待时间:较短 □　能接受 □　太长 □

6.请对银行托收缴费方式进行评价:

通过银行托收缴费便捷程度:方便 □　一般 □　不方便 □

银行工作人员服务态度:非常满意 □　基本满意 □　不满意 □

缴费等待时间:较短 □　能接受 □　太长 □

7.贵单位如何看待通过网上银行缴纳电费?

操作便捷程度:方便 □　一般 □　不方便 □

网上银行安全性:很安全 □　不安全 □　不清楚 □

如果开通网上银行,是否会选择使用:当然会用 □　可能使用 □　不使用 □

8.贵单位是否拖欠过电费(答“是”继续,答“否”跳转至第10题)?

是 □　　　否 □

9.贵单位拖欠电费的原因是什么?

忘记缴纳截止时间 □　　资金周转不开 □　　其他 □

(原因：________________________)

10.您认为下列哪些方法有助于企业拖欠电费问题的解决(可多选)?

法律手段 □　欠费停电 □　控制用电规模 □

负控购电 □　第三方担保 □　上级主管单位问责 □

其他 □　(方法：________________________)

调查到此结束,谢谢您的参与!

附件二　电力客户缴费方式满意度调查问卷(居民客户)

调查说明：

为了秉承"一强三优"的公司发展战略目标,把"方便用户""一切为了用户满意"放在首位,树立"客户的需要就是供电工作一切出发点和落脚点"的价值观,将"为人民服务,树行业新风"的认识落实在行动上,我们A市供电局开展了本次电力客户缴费方式满意度的问卷调查。"始于客户需求,终于客户满意",我们一直在努力!

本次调查的目的在于了解A市供电局当前多种缴费方式运作现状,分析不同类型客户对缴费方式的不同需求。根据调查结果,总结当前缴费工作中经验及不足,以期为制定合理的缴费方式配置决策提供科学依据,从而为客户提供快捷便利缴费方式,提高客户满意度。

每位被调查成员对本调查的各项内容都会有自己的观点,因此您的回答对本次调查的结果有重要影响,请认真作答,在问卷中反映您真实的看法。

您对问卷的所有回答结果只用于统计分析，对您的个人资料，我们将根据《中华人民共和国统计法》予以保密，问卷回答不会对您个人产生任何不良影响。

谢谢！

一、客户基本情况（请在符合的选项后划"√"，没有选项的请在横线上填写）

1. 客户编号：________________________

2. 户主姓名：________________________

3. 家庭地址：____________邮编：____________

4. 所属区域：

01 A 市供电局营销部 □　　02 A 市区电力局 □

03 B 电力局 □　　04 C 供电分局 □

5. 平均每月电费：

200 元以上 □　100～200 元 □　50～100 元 □　50 元以下 □

二、电费缴费方式调查（请在符合的选项后划"√"，没有选项的请在横线上填写）

1. 您经常采取下列哪几种缴费方式缴纳电费（可多选）？

供电局营业网点坐收 □　　托收 □　　自助缴费机 □

IC 卡购电 □　　银行储蓄代扣 □

银行窗口代收 □　电、水、气等多种费用一起缴纳（联收）□

2. 您认为自己现在缴纳电费方便吗？

比较方便 □　　一般 □　　不方便 □

3. 离您生活、工作地最近的缴费网点的距离有多远？

500 米以内 □　500～1 000 米 □　1 000～2 000 米 □　2 000米以外 □

4. 请对我们供电局营业网点工作进行评价：

通过营业厅缴费便捷程度：方便 □　一般 □　不方便 □

对营业厅工作人员服务态度：非常满意 □　基本满意 □　不满意 □

缴费排队等待时间：较短 □　能接受：□　太长 □

5. 请对银行窗口代收缴费方式进行评价：

通过银行代收缴费便捷程度：方便 □　一般 □　不方便□

对银行工作人员服务态度：

非常满意 □　基本满意 □　不满意□

缴费排队等待时间：较短 □　能接受 □　太长 □

6. 您如何看待超市、报刊亭等电费代收点代收电费？

通过代收点缴纳电费的便捷程度：

方便 □　一般 □　不方便□

如果开通这种缴费方式，是否会选择使用：

当然会用 □　可能使用 □　不使用 □

7. 在银行开户并储蓄一定资金，由银行每月从账户中直接扣收电费，您认为通过这样的方式来缴纳电费方便吗？

还需要在银行开户并预存一定资金，十分不方便 □

不用排队去缴电费，十分方便 □

8. 由银行每月从账户中直接扣收电费，您如何看待资金的安全问题(可多选)？

银行信誉可靠，不会乱扣账户资金，比较安全 □

银行也不一定可靠，可能会多扣账户资金，不安全 □

银行代扣电费操作规范，不会发生多扣电费的情况 □

银行代扣电费也会有操作失误，发生多扣或者少扣电费的情况 □

如果打印存折记录发现银行多扣电费，一经指出银行会及时

归还多扣的资金 □

如果打印存折记录发现银行多扣电费，一经指出银行不一定会归还多出的资金 □

9. 由银行每月从账户中直接扣收电费，你如何看待不能打印缴费发票这个问题？

虽然不能打印缴费发票，但我觉得无所谓 □

我需要打印缴费发票，不能打印缴费发票会给我带来不方便 □

10. 如果附近的银行开通了每月从银行账户直接代扣电费的业务，您会选择使用吗？

这么方便，当然会用 □　　　　不清楚，可能会使用吧 □

不使用 □

11. 您认为利用电费充值卡(类似于手机缴费卡，也是通过拨打电力部门缴费电话进行缴费充值)进行缴纳电费方便吗(可多选)？

全天 24 小时甚至周末都可以缴纳电费，我认为十分方便 □

还需要我去购买电费充值卡，拨打充值电话，太麻烦了 □

虽然需要我去买电费充值卡，拨打充值电话，但是比排队方便多了 □

我熟悉手机缴费卡缴费充值操作，所以电费充值卡操作对我而言应该会比较容易 □

我不熟悉手机缴费卡缴费充值操作，所以电费充值卡操作对我而言应该会比较困难 □

12. 如果开通了电费充值卡缴纳电费的业务，您会选择使用电费充值卡缴纳电费吗？

这么方便，当然会用 □　　　　不清楚，可能会使用吧 □

操作比较麻烦，不会使用 □

13.您如何看待通过网上银行缴纳电费的资金安全问题？

现在相关技术已经比较成熟，资金没什么风险 □

网上银行还是个新兴事物，技术不太成熟，资金存在风险 □

不太清楚 □

14.如果开通网上银行缴纳电费，您会选择使用吗？

我不会上网，所以网上银行缴纳电费对我来说没有什么作用 □

我会上网，但是从来没有使用过网上银行业务，所以不会通过它来缴纳电费 □

我会上网，虽然我从来没有使用过网上银行业务，但是我会尝试用它来缴纳电费 □

我会上网，使用过网上银行业务，会通过它来缴纳电费 □

15.您如何看待通过电话银行缴纳电费？

电话银行缴费操作的便捷程度：

方便 □　不方便□　不清楚 □

网上银行的资金安全性：很安全 □　不安全 □　不清楚 □

如果开通这种缴费方式，是否会选择使用：

当然会用 □　可能使用 □　不使用 □

16.您认为开通下列哪几种缴纳方式，会给您缴纳电费带来很大便利（可多选）？

银行窗口代收电费 □　银行储蓄代扣 □　超市代收 □

报刊亭代收 □　IC卡购电 □　邮政储蓄代收 □

电费充值卡 □　网上缴费 □　自助缴费机 □

流动缴费车 □　电话银行 □　手机银行□

电、水、气等多种费用一起缴纳（联收）□

17.您是否拖欠过电费（答“是”继续，答“否”结束本次调查）？

是 □　　　　否 □

18. 您拖欠电费的原因是什么？

缴费网点太远 □　　缴费时间与上班时间冲突 □

忘记缴费时间导致欠费□

（其他：________________________）

调查到此结束，谢谢您的参与！

参 考 文 献

Haley R I. 1975. Benefit segmentation: a decision—oriented research tool[J]. Journal of Marketing, 32(7): 30 - 31.

Hughes A. 1994. Strategic database marketing: the master plan for starting and managing a profitable, customer — based marketing program[A]. Irwin Professional.

Lawrence B. 2000. Research into Load Forecasting and Distribution Planning[M]. London: Prentice: 82 - 84.

Lazer W. 1963. Life style concept and marketing, toward scientific marketing[M]. Stephen Greyser, ed, Chicago: American Marketing Assn.: 130.

Marcus C. 1998. A practical yet meaningful approach to customer segmentation[J]. The Journal of Consumer Marketing. 15 (5): 494.

Plummer J T. 1974. The concept and application of life style segmentation[J]. Journal of Marketing, Jan, 38(1): 34.

Rik P, Guenther B. 1999. Special Issue on Service Marketing and Management European Contributions [J]. Journal of Business Research Volume 44, Issue 1, January , Pages 1 - 4.

Roland T R, Valarie A Z, Katherine N. 2001. 驾驭顾客资产[M]. 北京:企业管理出版社.

Smith W R. 1956. Product differentiation and market segmentation as alternative product strategies[J]. Journal of Marketing, 11(7): 3 - 8.

Soper S. 2002. The evolution of segmentation methods in services: where next [J]. Journal of Financial ServicesMarketing,8:68 - 69.

Wells W, Tigert D. 1971. Activities, interests, and opinion[J]. Journal of Advertising Research, August, 11:27 - 35.

Young S, Feigin B. 1968. Using the benefit chain for improved strategy formulation [J]. Journal of Marketing, Chicago,39,72 - 74.

鞍山电业局. 2003. 开发电力负荷管理系统,提高用电管理水平[J]. 中国电力企业管理(6):45 - 46.

蔡学中,牛中宏. 2007. 多种缴费方式方便客户[J]. 大众用电(3):11.

陈可钰,杜淑勤. 2009. 常见电费回收方式的浅析[J]. 供用电,26(4):84 - 86.

陈明亮,李怀祖. 2001. 客户价值细分与保持策略研究[J]. 成组技术与生产现代化(4):23 - 27.

菲利普・科特勒著. 1999. 营销管理. 9 版[M]. 上海:上海人民出版社.

冯湘波. 1997. 推广使用 IC 卡电能表实现电费收缴现代化管理[J]. 大众用电(6):32 - 33.

高小芹. 2005. 电力客户信用管理系统的研究[D]. 武汉:武汉大学硕士学位论文.

宫兴国. 2001. 电力市场营销理论及应用研究[D]. 北京:华北电力大学硕士学位论文.

谷林峰,余虎,王路,姚建刚. 2005. 客户交纳电费信用与风险等级评定[J]. 吉林大学学报:自然科学版,26(2):94 - 97.

谷林峰. 2005. 交纳电费信用等级评定与风险预警管理办法的研究与开发[D]. 长沙:湖南大学硕士学位论文.

顾群. 2004. 创新负荷管理功能_提高营销管理水平[J]. 电力需求侧管理(3):27.

郭立宏，张海兰，景勤娟．2008．客户关系管理中的客户细分[J]．辽宁行政学院学报，10(9)：73－79．

黄敏如．2006．如何推广银行代扣电费业务[J]．农电管理(9)：40－41．

黄亦潇，邵培基，李菁菁．2007．基于客户价值的客户分类方法研究[J]．预测(3)：35－39．

蒋斌．2006．电费充值卡在居民电费收缴中的应用[J]．电力需求侧管理(1)：52－55．

金国栋．2007．客户细分理论及应用策略研究[J]．华中科技大学学报：社会科学版(3)：47－52．

邝孔武，王晓敏．2002．信息系统分析与设计．2 版[D]．北京：清华大学出版社．

李桂涛．2005．常见电费回收方式的利弊分析[J]．湖北电业(5)．

李珞新．2002．行业用电分析[M]．北京：中国电力出版社．

厉建宾．2009．河北南网电力营销技术支持系统升级改造方案研究[D]．保定：华北电力大学硕士学位论文．

梁捷生，洪志章，王成楷，苏实义．2006．电费充值卡——实现随时随地轻松交费[J]．农村电工(3)：20．

凌洁，庆克堂．2009．基于 GPRS 网络的电力流动收费系统解决方案[J]．安徽电气工程职业技术学院学报，14(1)：78－81．

刘英姿，吴昊．2006．客户细分方法研究综述[J]．管理工程学报(1)：55．

刘永波．2005．城市公用事业收费模式研究[D]．大连：大连理工大学硕士学位论文．

马梦轩．2006．电力客户信用风险管理系统研究[D]．保定：华北电力大学硕士学位论文．

欧阳柳，刘强．2008．电费充值在电力缴费中的应用[J]．浙江电力(3):57－59.

庆蕾.2007.济南供电公司CRM中的客户分类研究[D].保定:华北电力大学硕士学位论文.

曲辰.2006.北京电力公司差异化服务研究[D].保定:华北电力大学工商管理硕士学位论文.

任继如.2008.基于聚类分析的客户细分及管理——以某电信企业为例[J].调查与思考(8):130－132.

宋娟娟.2007.电力负荷管理系统的拓展应用[J].江苏电机工程(1):51.

孙江华.2005.基于网络的电费结算系统的研究与设计[D].杭州:浙江大学硕士学位论文.

孙英杰.2007.加强电费回收的五项措施[J].农村电工(02):23－24.

唐琳.2004.银电联网实时收费系统的研究[D].济南:山东大学硕士学位论文.

王柏勇,李保平.2003.基于银电实时联网的电费实收核算系统[J].电力需求侧管理,5(5):30－32.

王敬敏,王振旗,周锋华.2004.供电企业CRM中客户分析与评价研究[J].中国电力(4):66－68.

王军.2009.青岛供电公司推行卡式电能表项目的研究[D].保定:华北电力大学硕士学位论文.

王雷.2007.基于数据挖掘的电力行业客户细分模型研究[D].上海:上海交通大学硕士学位论文.

王彦辉,王敬敏,张岩峰,田晓霞.2006.供电企业CRM客户价值综合评价模型[J].华北电力大学学报(9):98－99.

王轶华.2007.电力客户综合价值分析[D].上海:上海交通大学.

王永华.2007.忻州供电公司市场营销策略研究[D].西安:西

安理工大学工商管理硕士学位论文.

王振华.2002.电力营销战略研究[D].成都:四川大学工商管理硕士学位论文.

魏锦文.2008.酒店管理系统中的客户关系管理应用研究[D].济南:山东大学硕士学位论文.

温斌,杨林涛.2004.电费收取方式的变迁与改革[J].山西电力(3):69-70.

吴坤.2007.供电企业客户营销策略研究[J].科技情报开发与经济.

吴迎春.2007.电费回收工作问题探讨[J].广西电力(1):48-50.

徐进.2006.日照供电公司电力营销策略研究[D].天津:天津大学工商管理硕士学位论文.

荀华光.2007.关于电费收缴存在的风险及防范措施的分析[J].(10):189.

杨宝清.2007.红河供电局电力客户信用评价[D].北京:华北电力大学工商管理硕士学位论文.

杨启琼,刘琪.2008.创新居民客户电费收费方式的探讨[J].湖北电力,32(6):64-66.

杨前.2006.浅谈邮政储蓄划拨电费的利与弊[J].科教文汇(下半月)(10):206.

杨勇.2004.电力市场营销及其客户关系管理研究[D].武汉:武汉大学硕士学位论文.

于春菊.2008.新体制下电费管理模式探索[J].电力营销(10):9-10.

余磊.2005.基于信用评级的供电企业收费风险管理研究[D].武汉:武汉大学硕士学位论文.

张弛.2007.城市配电网电压等级及供电模式选型研究[D].上海:上海交通大学.

张力，孙艳，杨明信，王德惠. 2004. 新形势下负荷管理系统功能的整合与应用[J]. 电力需求侧管理(6)：56.

张琳. 2005. 企业应收账款管理与信用评价[D]. 武汉：武汉大学硕士学位论文.

张琼华. 2007. 浅谈我国商业银行代收费业务的现状及发展[D]. 北京：北京邮电大学硕士学位论文.

张鑫. 2003. 供电企业关系营销运作体系的设计[D]. 北京：华北电力大学硕士学位论文.

张有明. 2007. 供电企业电费回收模式分析[J]. 合作经济与科技(4)：52 - 53.

赵同生，曹冰，曹东. 2003. 电力负荷管理系统发展方向的探讨[J]. 电力需求侧管理(2)：48.

郑新. 2003. 委托银行代收电费业务现状分析[J]. 大众用电(8)：14 - 15.

周继惠. 2007. 拓展银电联网促进电费回收[J]. 河南电力(2)：36 - 38.

周继馨. 2007. 电网企业的用户欠交电费成因分析及对策[J]. 广西电力(6)：73 - 75.

周尤林. 2000. 电力负荷管理系统发展前景[J]. 电力需求侧管理(2)：23.

宗丽英. 1994. 银行联网电费服务系统的开发与应用[J]. 电力需求侧管理，2(5)：34 - 35.